怪談社RECORD
黄之章

伊計 翼

竹書房文庫

目次

その廃屋にあった体験談の取材記録は怪異の「ＲＥＣＯＲＤ」だった。
かつて、怪談社という団体が事務所として使っていた建物だという。

好きよ

都内に住んでいるNさんから、こんな話を聞かせてもらった。

彼が小学生のとき、学校から家に帰宅すると母親が慌ただしく着替えをしていた。

「お父さんが仕事中に事故にあったから、ちょっと病院にいってくる」

「え！　お父さん、大丈夫なの？」

「大丈夫だけど足を怪我したみたい。とにかくいってくるから」

Nさんは連れていってくれと頼んだが「留守番してて」と母親はでかけていった。

そのようなトラブルが初めてだった彼は父親が心配でならなかった。


一時間ほど経ったころ、母親から電話があった。

「お父さん、ぜんぜん大丈夫だったから。もう少ししたら一緒に帰るからね」

Nさんは胸をなでおろし、テレビを観て待つことにした。

しばらくすると、ノブがまわるガチャッという音が聞こえてきた。出迎えようとNさんが玄関に走ったが、玄関ドアは閉まったままだった。気のせいかとリビングに戻ろうとしたとき、再びノブがまわるガチャッという音。母親が鍵を忘れていったのかと思ったNさんは施錠を解こうとして、なぜか妙な感覚に襲われた。

「……どなたですか？」

Nさんが尋ねるが返事はない。

しかし、またノブがまわってガチャッという音がする。

Nさんはリビングに走ってインターホンの応答画面のスイッチを押した。そうすれば玄関の外が映しだされるはずだったのだが、表示は真っ暗のままだった。

（あれ？　どうして？）

すると真っ暗ではなく、画面いっぱいに見覚えのないおんなの顔が映っているのがわかった。まるでこちらが見ているのを知っているかのように、むこうもインターホンカメラを凝視している。

驚いたNさんが固まっていると、おんなは「好きよ」と声をだして笑った。

途端、彼の背中に冷たいものが走り、反射的に自分の部屋に逃げこむ。

布団にくるまって震えているあいだも、ノブがまわる音が何度も聞こえてきた。

そのうち、母親と片足にギプスをした父親が帰ってきた。

Nさんが女性のことを説明すると、どういうわけか両親は真っ青になる。

そして母親が「忘れなさい、もうこないから」とだけつぶやき、それ以上はなにも言わなかったという。

ぐーって

事務の仕事をしているS子さんという女性からこんな話を聞いた。

ある夜、久しぶりに連絡のあった友人と逢うことになった。居酒屋で呑んでいると彼女は最近、引っ越しをすませたばかりだと報告してきた。S子さんは自分の住んでいる街に近くなったと喜ぶ。すると友人は何気なく、とんでもないことを言いだした。

「新しい部屋ね、すっごく家賃が安いんだけど事故物件なの。ゆうれいがでるのよ」

笑顔でそう話す彼女に、S子さんはビールを吹きだしそうになった。

「ゆうれいって……怖くないの？」

「怖いよ。でも大丈夫。ベッドは低いから」

ベッドが低いから大丈夫という意味がわからず、S子さんは詳しく聞いてみた。

まとめると彼女の話は次のような内容であった。

とにかく安い物件を探していた友人は、休みの日のたびに不動産屋をまわっていた。なかなか条件のあう部屋が見つからず、妥協しようかと考えていたときだった。

「一件だけあるんですけど訳ありで……心理的瑕疵物件なんですよ」

「かしぶっけん？　なんですか、それ？」

「その、いわゆる事故物件のことです。前の住人が病気や自殺で亡くなっているとか」

不動産屋が言うには、そういう物件は次の入居者がなかなか決まらず家賃が安くなるらしい。友人がぽかんと口を開けていると、物件の詳細が書かれた用紙を見せられた。

「この部屋なんですけど……広いは広いけど、気持ち悪くて厭ですよね？」

用紙に書かれた部屋の見取り図を見た友人は、

「わあ、いいじゃないですか、南向きだし！　ここ、見にいきたいです」

不動産屋は「本当ですか。自殺があった部屋ですよ」と驚いた。広さも家賃も希望通りで友人は目を輝かせて喜ぶ。すぐに案内してもらえることになった。

駅から数分で都心のど真ん中に、そのマンションは建っていた。築年数は二十年をこえていたが外観は綺麗だ。部屋に入り隅々まで確かめたが、内装も申し分ない。

「ここ、日当たり良いですね。目覚めとか良さそう！」

「南向きですからね。そこのベランダに洗濯物を干せばすぐに乾きます」

「あっちの部屋はリビングにして、ここを寝室にすればいい感じですよね」

「……でもこの部屋で住人が首を吊って亡くなったんですよ」

友人より不動産屋のほうが怖がっており、その部屋に足を踏みいれようとしない。

「大丈夫です、私そういうの気にしませんから。亡くなった人って男性ですか？」

「男女ですね、この部屋で亡くなったのは」

「ふたりで自殺しちゃったんですか。それじゃあ、心中ですね。かわいそうに」

「いえ、ひとりです。亡くなったのはひとりだけです」

「え？　じゃあ男女っていうのはどういう意味なんですか？」

「……前の住人は男性でした。その前の住人は若い女性だったそうです。ここはね——」

なぜか住む人が高い確率で、この部屋で首を吊って死ぬんです。


S子さんはビールを呑むのも忘れて、友人の話に聞きいってしまった。

「あんた……そこに住んでるの？　平気なの、そんな気持ち悪い部屋」

「うん、平気だよ。即決で契約しちゃった。広くて住み心地いいよ」

「信じられない……住みだしてどれくらいなの？」

「ええっと、もうすぐ二カ月かなあ。ぜんぜん大丈夫だよ」

「大丈夫って、ゆうれいがでるんでしょ？」

「うん、でるよ。あ、でも毎日じゃないし、ときどきだから」

「どんな……ゆうれいなの?」

「ときどきね、ベッドで寝てると、すぐ真上で首を吊ってるの。目の前で足がこう ぶらぶら、ぶらぶらと左右に、ゆっくりと揺れているらしい。

「はあ……信じられない。あんた、どんな神経してるの」

S子さんはため息を吐いて呆れたが、友人はにこにこと笑っている。

「……ベッド。そう、ベッドよ。低いから大丈夫って、いったいどういう意味?」

「ああ、ベッドね。正確にはマットレスなんだけど、その首を吊っている人、ときどき手を伸ばして私に触れようとするの。捕まえようとしてるのかな。でも、なんていうか首のヒモ? ロープ? それが邪魔で手が届かないの。もしも高さのあるベッドなら届いていたかもね。ぐーって伸ばして、頑張ってるけどムリみたい。それより気になるのは首吊ってるのが、不動産屋の人が言っていた男でも若いおんなでもなくて……」

よぼよぼのお婆ちゃんなのよねえ——。

それを聞いてS子さんはいよいよ呆れてしまった、という話だ。

工場

和歌山に住むM也さんが、電化製品を製造する工場に勤めていたときの話だ。

彼の仕事は部品のチェックだ。ベルトコンベアに乗って、流れてくるパーツに異常がないかどうかを確かめていく。ベルトコンベアは数列あり、一列に十数人がついてパーツを手にとっては戻していく作業である。七十人以上の人間がいてシフト制できているバイトやパートも多く、知らない人間も大勢いた。休憩は一日のうち何度かあり、昼休みと午後の三時と夕方にコンベアは止まり、そのたびに点検があった。

その日の午前中、いつものようにM也さんは仲間たちと勤《いそ》しんでいた。

順調に作業を進めていると、午前十一時をすぎたころ突然、

「うああッ！　もうダメだあああッ！」

男性の絶叫が工場内に響きわたり、M也さんは動きを止めた。

彼だけではなく他の作業員も手を止めて、声のしたほうへ目をむける。いちばん端の、ちょうど壁際の列のあたりから「おい、大丈夫か」「しっかりしろよ、オマエ」という声がベルトコンベアの作動音にまぎれて聞こえてきた。すぐにひとりの男性作業員が列から

飛びだし、そのまま走って工場の外にむかっていく。

「なんや、いまの？」「……さあ？　大丈夫か」「誰やろう？　なんかあったんかな？」

気にはなったが追いかけるわけにもいかないので、みんな作業を続けることにした。


昼休みになり、M也さんは食堂で仲間たちと昼食をとっていた。

やはり先ほどの騒動が話題になった。叫んで外に飛びだしていった作業員のことを、その場にいた誰も知らないと思われたが、ひとりが、

「そういや『もうダメだあ』って関東弁やな。もしかしたらオレが担当した子かも」

そんなことを言いだした。

聞けば先月、入ってきたばかりの若いアルバイトに仕事を教えていたのだという。

M也さんが「ふうん。どんな子なん？」と尋ねると、彼はまだ十七歳で、東京から親せきの家に引っ越してきたばかりと話していたらしい。

「ちょっと変わった子やった。なんていうか挙動不審で。あ、手に落書きしとったわ」

「落書き？　なんやそれ、刺青のことかいな？」

「オレも見たとき一瞬そう思たけど違う。赤いマジックペンで書かれてたわ」

「小学生のとき忘れ物せんようにオレも書いたことあるわ。なんて書かれてたん？」

「なんやろ。なんか、呪文みたいな、ごにょごにょごにょって変な字が書かれてた」

「なんやそれ。ぜんぜんわからんわ」

「あ、その子やったら、私も知ってるわ。右手に書いてるんやろ。あの子かいな」

横に並んでいたパートの主婦が思いだしたように口を開いた。

「そうなんや。話したことあるん？」

「うん、あるよ。家が近所やし。いじめのせいで学校辞めて引っ越してきたって」

「いじめられっ子かいな。気の毒やな」

「ううん。そうやなくて、いじめてたみたいやで。うつ病？　みたいになったって」

「いじめっ子がうつ病ならんやろ。逆やろ。いじめられてたんや」

「いや、そうやなくて、あの子がいじめてた子が自殺したみたい。ニュースにもなってんで。学校辞めて逃げるように、こっちの親せきのところに引っ越してきたんや。いじめてた子がずっと横に立って話しかけてくるって」

主婦の言葉を聞いて、M也さんのまわりが静まりかえる。

「手に書いてたのはお経らしいで。良心が痛んで、精神的に参ってるんやろな」

そのまま帰ったと思われた十七歳のアルバイトが、近くの団地で飛び降り自殺をしたという報せが届いたのは午後三時の休憩時間だった。M也さんが気味悪がったのは、後日に聞いた遺体の状況だ。

彼は転落死だったが、なぜか右手を手首まで喉の奥に突っこんでいた、とのことだ。

新居

VRアーティスト、せきぐちあいみさんが聞いた話である。


三十数年ほど前、ある新婚の夫婦が新築の一軒家を建てた。

一階のほとんどは大きなリビングにして、二階にいくつも部屋があるといった間取りにした。日当たりも良く住み心地のいい家で夫婦ともに気に入っていたそうだ。

ある夜、夫は先に二階の寝室で休み、妻は一階で読書をしていた。そろそろ眠ろうと本を閉じて背筋を伸ばし、リビングの電気を消そうとして妙なことに気づいた。

電灯の明かりを点ける紐が、左右に揺れている。

リビングには電灯を三つ付けていたが揺れているのはその紐ひとつで、他のものは揺れていない。エアコンは切っているし、どこかから風がきているわけでもないようだった。

（なにかの振動で揺れているのかな）

それからも何度か紐が揺れているのを見て不思議に思ったが、妻はそこまで気にはとめなかった。

ある昼間、仲良くなった隣人が家に遊びにきてくれた。

世間話などの雑談のなか、電灯の紐の話になった。

「実はこの家が建つ前、平屋があったんだけど……家族のいないひとり暮らしのおばあちゃんが首を吊って亡くなっていたのよね。だから揺れているんじゃないかな」

妻は「それが、なんの関係があるの？」と隣人に尋ねた。

彼女は電灯を指さして続けた。

「そのおばあちゃんが首を吊っていたのが……平屋の、ちょうどここらへんなの」

「うそ……ただのウワサ話じゃないの？」

隣人は申し訳なさそうに「ううん。第一発見者、私だから」と顔を伏せた。

妻は夫にその話をせず、ただ三つある電灯の、問題のひとつを外してもらった。

それからは特に変わったことはおこっていないそうだ。

覚えてない

先の話を聞いたせきぐちさんはユーチューバーとしても活躍している。

この話はその仲間から聞いたものだという。


Nさんという男性がユーチューブで怪談を聞きまくっていた。

自分もやってみようと「怪談の朗読動画」をチェックしていたのだ。実家暮らしだったのでヘッドホンをつけて聞いていたのだが、ウトウトと眠ってしまった。

しばらくしてイヤホンから響いてくる声で目を覚ました。

ユーチューブでは再生が終わると、自動的に次のお勧め動画が流れるようになっている。

(なにが流れているんだ)と思って画面を見たが、いつの間にか動画は「スピリチュアルミュージック」のような静かな音楽に変わっていた。

しかし声もどこかから聞こえてくる。耳をすますと――ヘッドホンの外だ。

ヘッドホンを外して振りかえった。

自分のベッドの上に子どもがふたり背中をむけて、肩を揺らし、クスクスと声を殺して笑っている。Nさんが（誰だ？）と驚いていると、ふたりの動きが止まった。

そしてゆっくり、ゆっくりとこちらを振りかえる。

「わッ、うわッ！」

Nさんは悲鳴をあげて部屋を飛びだし階段で足を滑らせ転げ落ちた。すぐに両親が気を失った彼を介抱したが、Nさんは子どもたちの顔をどうしても思いだせなかった。

転んで頭を打ったせいか。恐ろしいものを見たショックで脳が記憶を削除したのか。

それはわからないそうだ。

子どもには見える

娘の年齢を考えると、平成十三年ごろの話である。

T美さんは幼い娘と一緒に、当時住んでいた家のリビングで昼寝をしていた。

その日は夫が日曜出勤でおらず、T美さんは朝からずっと娘と遊んでいたらしい。昼食をとったあと、娘が目を擦《こす》りはじめたので、一緒に寝ることにした。

どれくらい時間が経っただろうか。

T美さんが目を覚ますと、横にいたはずの娘がいない。気配を感じたので寝転がったまま頭をあげ部屋の隅《すみ》を見る。娘が壁際に立って天井を見上げていた。

「〇〇ちゃん、なにしてるの？」

娘は笑顔で振りかえり「見てたの」とT美さんに答える。

そしてまた、天井に視線を戻す。

「ん？　なにを見てるのかな」「おじさん。知らなーい、おじさん」

T美さんは娘の上に視線をむけた。

そこには天井板があるだけで、他にはなにもない。

天井板の木目が顔にみえて、それにむかって笑いかけているのだろう。T美さんはそう思った。子どもの想像力は豊かだが、天井におじさんがいるというのは少し怖くもあったので、T美さんは躰をおこして「ママもおきるから、あっちでビデオ観ようか」と娘とその部屋をでた。

アニメの映画に夢中になっている彼女を見ながら、T美さんはさっきのことがだんだん変に思えてきた。確かに子どもは想像して、そこにないものをあるように話すことがある。公園で人形を使い、ままごとのような遊びをするときのように。それはわかる。

だが先ほどのように、ひとりで笑顔をつくって、たたずんだりするだろうか。それは想像力を使った遊びというより、なにかにむけて反応している表情ではないだろうか。

そう考えると、いままで娘が同じような表情をしていたことが思いだされてきた。

食事中、箸を止め床にむかって。風呂あがりに裸のまま玄関の前でドアをむいて。しゃがみこみベッドの下を覗きながら。家具と家具のあいだをじっと見つめて。

どのときの表情も、笑っていた。

娘は電車のなかで見知らぬ人と目があうと笑顔をつくる癖がある。それは、自分に向けられた顔に笑顔をかえす、一種のコミュニケーションではないだろうか。さっきの天井板も、食事中の床も、いつかの玄関ドアも、家具のあいだも、娘は誰かとコミュニケーションをとろうとしていたのではないだろうか——。そう考えるとT美さんは本当に怖くなってきた。いつか誰かに聞いたことのある「子どものころって霊が視えるんだよ」という言葉と共に。

それ以来、T美さんはあまり考えないようにした。

彼女があらぬほうを見て笑顔だったとしても、気にしないように努めたそうだ。

ぼくはこの話をT美さんの自宅で聞いていた。

彼女は他にもいくつか怪異体験を持っていた。それらを書きとめていると、ひとり暮らしをしている娘本人がたまたま戻ってきた。ぼくを訝《いぶか》しんで見る娘にT美さんは「怪談を書いているかたが取材にきているの」とさらに訝しむような紹介をした。

「ついさっきね、あんたの話もしてたのよ。覚えていないだろうけど子どものころ、なにもないところを見て笑顔だったから。いったい何に笑いかえしていたんだろうって」

娘は「は？　なに言ってるの？」と不愛想に答えた。やはり覚えてないようだ。

「そうよね、やっぱり子どものころだけに視えて、大人になったら忘れちゃう……」

「いや、そうじゃなくて。むかし住んでいた家のことでしょ。あの家、すっごく変だったよ。あちこちに知らないおっさんとかおばさんとかいるし。あんまり睨《にら》んでくるから」

子どもながら怖すぎて笑っちゃったよ、と娘は投げ捨てるように言った。

くる

その乱暴な男性は「ゆうれいってのは瞬間移動ができるのか？」と聞いてきた。

ぼくが「そういう話もありますね」と答えると「そうじゃないのもいるだろう」と言ってくる。

「そうですね、歩いているのを見たという体験のほうが多いように思います」

「いままで聞いた話でゆっくり、つまり移動がおそいのは、どんなのがいる？」

「ゆっくり？　そうですね……這いつくばってくるのは相当おそいかもしれませんね」

「腕だけで、ほふく前進みたいにやってくるヤツか」

「そうです。そうなると人間のほうがはやいでしょうね。逃げきれるでしょうし」

「そうか。なら聞くが、逃げきったら諦めてくれるのか？」

「どういうことでしょう？」

「むかし、すごいのを見たんだ。北海道のずいぶん北のほうで。焼け焦げた人間、それこそもう炭のようになっていた。それが動いてオレたちのほうにむかっていたんだ」

「……詳しく聞かせてくれませんか？」

「イヤだ。気持ちが悪いし、あまり覚えていない。でも本当の話だ」

「それはいつごろの話ですか？」

「十年以上も前だ。仰向けに寝転がった体勢、足も腕も捻じ曲げて焼死体そのものだ」

「なら動かないんじゃないですか？　進めないでしょうし」

「いや、動いていた。ケイレンするようにガタガタ、ガタガタと」

「進めるんですか？」

「ほんの少しだが。十日くらいしてから気になって現場にもう一度いったんだ。三メートルくらいだが敷地内からでて道を進んで、車に気をつけながら間違いなく移動していた。他の者には視えていないようだった」

「現場？　どんな場所ですか？」

「あ？　放火された家だよ。殴られて気絶して、焼け死んだ姿のままだった」

「どうして殴られたことを知っているんですか？」

「現場にいたからな。もちろんオレがやったわけじゃないぞ。もうひとりいた。そいつは海の事故で死んでしまった。まあ、それはいいんだよ。オレが聞きたいのはだな、ゆうれいは諦めるのかどうかだよ」

「……いま現在もあなたのところにむかって進んできているかもしれない。そういうことですよね。それなら、おおまかに計算しましょう。十日で三メートル進むならひと月で九メートルくらいでしょう。半年で五十四メートルなので一年経っても一〇八メートルほどですね。十年でもまだ一〇八〇メートル、一キロこえたくらいです。北海道からきているなら近くに住まない限り、生きているあいだに追いつかれることはないですね」

そう言うと男性は「そうか。それは良かった。安心したよ」と帰っていった。

もし「それ」が乗り物に乗れば話は別だろうが。

くる

揺報

ある昼、Yさんの親類が亡くなったと連絡があった。

すぐにYさんは近所に住むNさんに、訃報があったことを知らせにいく。彼は誰よりも亡くなった親類と仲が良かった。家の玄関を開けてリビングにいるNさんに声をかける。

「おい、いまさっき病院であいつが……」

振りかえった彼は泣きじゃくっており「死んだんだろ」と枯れた声で言った。

電話があったのかとYさんが聞くと、Nさんは首を横にふる。

「いまここにきてたんだよ……あいつ、逢いにきてくれたんだ」

Nさんは涙を拭きながら、テーブルに置かれたブランデーのボトルを指さした。

「朝からずっとボトルのなかの酒が揺れていたんだ。くるくる渦をまいて……それが、さっきいきなり止まったんだ。すぐにわかったんだよ、あいつがいま死んだって」


それはNさんと親類がよく一緒に呑み交わしていた酒であった、という話だ。

去ね

都内在住のIさんの夫、Uさんが体験した話である。

ある休日の夕方、彼は近所のファミレスにいた。会社で任せられた仕事がなかなか終わらず、珈琲を飲みながらノートパソコンのキーボードを叩いていたそうだ。

静かに作業を進めていたが、しばらくして数名の主婦らしき人たちが店内に入ってきた。彼女たちはわいわいと喋りながらUさんがいるテーブルからほど近い席に座る。ドリンクバーを注文すると、いっせいに立ちあがり飲み物の入ったグラスを片手に戻ってきた。そして家のことや自分たちの子どもが通う学校のこと、家庭での不満を大きな声で話している。それまで静かな店内でスムーズに作業を進めていたUさんは、キリのいいところで終わらして帰ろうかと考えていた。

「あの子も困った人よね。でも旦那も旦那よ。もっとしっかりしなきゃ」

「そうよねえ。普通、式のあとであんなトコにいくかしら」

「ちゃんとゴホンゾンのこと知らないんじゃないの」

聞こえてきた言葉にUさんは（ゴホンゾンってなんだ？　御本尊のことか？）と疑問に

思い耳をすませた。

「ちゃんと音がするからわかるはずなんだけど」

「普通はあんな音には気づかないんじゃない？」

「気づくわよ。ウチの親だって『きた！　きた！』とか言って怖がってたわよ」

「チリチリ、チリチリって聞こえるはずよね。神さまだもん、ぜったい聞こえるよ」

Uさんには彼女たちがなんの話をしているのかさっぱりわからなかった。

（宗教かなにかかな。なんか気持ち悪い人たちだな）

そう思ったUさんは作業を終わらせようと開いていたファイルを保存する。

「アンタみたいのにはわからないんだよ、会社の奴隷が」

こちらにむけられた声に反応して彼女たちのほうに目をむけた。

主婦たちは全員、彼のことをじっと見つめている。どの顔も無表情であるが、口を半開きにしてまるで力の抜けた能面のようだった。

驚きで動けず固まっていると「去《い》ね」とひとりがつぶやいた。

それにあわせるかのように他の主婦たちが合唱しだした。

「去ね」「去ね」「去ね」「去ね」。

背中に冷たいものが走り、Uさんは早々にノートパソコンを鞄に入れると席を立って店をあとにした。

その日からUさんは体調を崩しがちになり、病院へ検査にいったところ悪性の腫瘍が発見された。

手術が行われたが現在も闘病中だそうである。

Uさんの妻であるIさんはため息を吐きながらこんなことを言った。

「夫は彼女たちが去ね、つまり『帰れ』と言ってたと思ってるけど、そうじゃなくて」

実は「死ね」と合唱していたのではないか、と。

大丈夫なのか

K井さんが本社まで書類を届けにいったときのこと。

エレベーターに乗りこむと数人がやってくるのが見えたので、開ボタンを押して彼らが乗るのを待った。先頭の老人が「ありがとう」と礼を言う。

彼はK井さんが勤める企業のトップの会長で、なかなか逢えない人物であった。

(会長だ……はじめて見た)

挨拶をしたかったが重役たちと話をしているようだし、なにより緊張して声がでない。

K井さんは邪魔にならないように壁際によって、ただ会話を聞いていたそうだ。

「……でも会長も休みをとったほうがいいですよね。今度またゴルフいきましょうよ」

「ああ、最近いってないからなあ。今度いこう。そういえば……例のゴルフ場はまだお祓いをしていないのか?」

「いえ。聞いた話によると、もう二度……いや三度もお祓いをしたそうですよ」

「それでもダメか」

「はい、ダメみたいですね」

「心臓麻痺では死ねんからなあ。あそこはもう止めておいたほうがいいか」

「そうですね、わざわざ選んでいく必要はないですし」

会長はため息を吐いて「打ちにいって殺されたくないもんなあ」とつぶやく。

目的の階に到着して、そこでK井さんはエレベーターを降りた。

K井さんは、いまでもあの会話の意味が気になって、仕方がないらしい。

顔

関西に住むTさんが奈良の、ある河川にいったときの話だ。

メンバーは彼の一家とご近所さんが何家族か。子どもたちと水遊びをしたり魚を釣ったりして、楽しい時間をすごしていたそうだ。陽が落ちはじめるとテントの前でたき火をつくり、皆で夕食をはじめる。大人は持参した缶ビールや酒を呑んでいた。

子どもたちは初めて自分で釣った魚を焼いてほおばると、それぞれ「熱い！」「美味《おい》しい」と嬉しそうであった。

そのうち、Tさんの長男が「オシッコいきたい」と訴えてきた。他の子どももそれに乗じて手をあげていく。近くにトイレはないので、草陰で用をすまさせようと、Tさんの妻が子どもらを連れてたき火から離れる。しばらくして、戻ってくるなり「田舎はすごいな。めっちゃ星が綺麗やで」と上を指さした。Tさんたちが見上げると、鮮やかに輝く星が夜空に広がっている。

そのあとは幼稚園の遊戯のようなゲームをして盛りあがった。すっかり酔っぱらった大人たちも大笑いしていた子どもたちもいつしかひとり、またひとりと眠気に襲われ各々のテントに戻っていく。

たき火の炎が小さくなるころTさんも休むことにした。

ぐっすり眠っていたTさんの耳に、チリン、チリンという音が響いてきた。
どこかで鈴が鳴っている。

Tさんは（綺麗な音やなあ）と心地よい気分になり目を開けた。誰かのリュックが外に置かれていて、そこについた鈴が風に揺られて鳴っているのだと考えた。だが、テントの布は揺れていないし、音はテントの真上から聞こえてくる気がする。Tさんが不思議に思っていると、テントの入り口にあるジッパーがじじッ、じじッとさがりはじめた。

用を足しに外へいっていた妻が帰ってきた——のではなかった。見知らぬ、坊主頭の男がにゅうっと顔だけをテントのなかに入れてきた。にやにやと笑いながら大きな目をぎょろぎょろと動かして、寝ている妻と息子、Tさんを交互に見ていた。

息子の「お父さん、おきてや」という声でTさんは目を覚ました。
「もう、いつまで寝てんのお、朝ごはんできてるで」
Tさんは唸《うな》り声をあげて躰をおこし、アクビをしながらテントの外にでた。

昨晩、歯をみがくのを忘れたせいで口が気持ち悪い。すぐに川原にいって歯をみがいた。朝食を皆で食べながら昨夜のことは（変な夢を見たなあ）くらいにしか思わなかった。眠る前にテントのライトを消していたので、なかを覗かれても顔を確認できないはずだし、見知らぬ男がジッパーをおろして覗く理由もわからなかったからだ。

食事をすましたあと、帰る支度をしようと皆で片づけをはじめた。

テントをたたんでいるとチリン、とどこからともなく鈴の音が聞こえた気がした。

「昨日の夜さあ、アタシ、めっちゃイヤな夢見て。ビビったわ」

帰りの車内で、助手席に座るTさんの妻がこんな話をはじめた。

「なんか寝てたらな、鈴の音が聞こえて。アタシ、目ぇ覚ましてんや。最初は遠くから聞こえて、どんどん近づいて。アタシらのテントの上で音が止まったんや。しばらくチリン、チリンって鳴ってたんやけど、テントのジッパーが開いていって、知らんオッサンが顔だけ、こう、にゅうっと入れてきおるねん。ハゲのオッサンな。顔がなんかぼーっと光ってるねん。びっくりしてたら、ジッパーがどんどん開いて、同じようなハゲのオッサンが顔、入れてきおるねん。ずらっと縦に五人くらい並んで。声をあげようとしたら、いちばん上の顔、そのさらに上から腕がぐうーって出てきてな。またその腕がめっちゃくちゃ長いねん。アンタの顔のほうに腕を伸ばしていって、太い指をアンタの口の中に突っ込んで、なんかぐちゃぐちゃ動かしてるねん……怖いしキモイし、イヤな夢やったわあ」

Tさんは車を停めて、外にでると嘔吐してしまったという。

顔 2

先の話のTさんの息子が中学生になったころ。

ある夜、息子が「むかし、キャンプいったの覚えてる？」と尋ねてきた。

「うん？　キャンプ？　いつごろや？」

「いや、あんまり覚えてへん、川で魚とか釣って食べたところ。覚えてる？」

Tさんの脳裏に厭な記憶がよみがえったが、それは言わずに「わかるで」と答えた。

「オレな、あんとき、なんか変な人見たわ」

息子によると、皆でたき火を囲んでいるときにトイレにいきたくなった。

母親に伝えて数人の子どもたちと草陰にいく。そこで用を足しながらふと前をむくと、ずいぶん離れたところで男性がこちらを見ているのがわかった。

男性は円を描くように顔を動かして、まるで踊っているようだった。息子はなぜあんな動きをしているのか不思議に思いながらも、外で用を足しているのを目撃されていることに、子ども心ながら恥ずかしく思ったという。

「目ぇそらして、下むいて。もういっかいオッサンのほうを見たら……」

五、六人に増えた顔がまわっていた、というのだ。

「なんかそのときは恥ずかしかっただけやけど、あとから思ったらさ」

あれ、人間じゃなかったんとちゃう？

息子の言葉に、Tさんはなにも言うことができなかったそうである。

熱い

現在、関西に住んでいるLさんの出身地は北海道だった。

彼の大叔父は登山中、噴火に巻きこまれて亡くなった。


子どものころ、はじめて墓参りにいったときのことをLさんはよく覚えている。

両親と親戚たちと並んで、祖父はLさんを抱いて言った。

「ほら、ワシのお兄ちゃんの墓がある。どれかわかるかな？」

はじめてきているので知っているはずもなく、Lさんは首を振った。

「どの墓も雪が積もっているだろう？　積もってないのはどれかな」

言われて目を凝らし順番に見ていくと。確かにひとつだけ雪のない墓石があった。

Lさんが指をさすと、祖父は「大当たり！」と頭を撫でてくれた。

どうもその墓が大叔父の墓らしい。

墓の前までいくと、花を供えて手を合わせる。

「どうして雪が積もってないの？」

Lさんと同じように、はじめてきた母親が尋ねると祖父は「触ってみろ」と答えた。

「……なにこれ」

驚いた母親は墓石に触った右手を、左手で擦っている。

「熱いだろう。溶岩が熱かったということだ。焼け死んだんだからな。もっとも死体はみつかってないから、魂が入っているんだろうな」

そう祖父はつぶやいていた、ということだ。

宅配便です

ある女性が読書をしながらくつろいでいた。
当時はひとり暮らしで、部屋はマンションの十一階だったそうだ。
紅茶でもいれようと台所に立ったとき、ドアを叩く音が聞こえてきた。
続けて「○○さん、宅配便でーす」という声。彼女はすぐ玄関に移動した。
「はーい、すみませ……」
返事をしながらドアを開けて、女性は通路をみまわした。誰もいないのだ。
いまドアが叩かれたばかりで女性の名前も呼んでいた。
どういうことだろう、下の階に私と同じ苗字の人が住んでいるのかな。
そう考え、耳をすませたが下の階で荷物を受けとっているような気配もない。
気のせいかと思ってドアを閉め、台所に戻ると再びドアを叩かれ、
「○○さん、宅配便でーす」
(なんだ、やっぱり私の部屋じゃん)と、すぐにもう一度ドアを開けた。
ところがやはり、誰もいない。

（これは……悪戯《いたずら》？）

どこかの子どもが表札を読んで悪い遊びをしているんだと思い、玄関で「宅配便」がまたくるのを待っていた。案の定ドアは叩かれ「〇〇さん、宅配……」。

言い終える前に勢いよくドアを開けたが、誰もいなかった。

さすがに怖くなり、女性は鍵をかけると部屋に戻っていった。

ドアは何度も何度も叩かれ「〇〇さん、宅配便でーす」と繰りかえされる。

ベッドで耳を押さえながら警察に電話をしようかと考えていた。

そのうち、やっと止んだ。

ほっとしたのもつかの間、今度は寝室の窓が叩かれた。

外に人間の立てるところなどないはずである。「〇〇さん、宅配便でーす」「宅配便です」「宅配便」「宅配便です」「宅配便、宅配便です宅配便です宅配宅配便おい返事しろよ」

電話で呼びだした彼氏がくるまで、窓はずっと叩かれ続けていたという。

チャイナドレス

関西に住むM靖さんから聞いた話である。

むかしからキャバクラが好きな彼は、そのときもある店によく通っていた。

お目当ては二十代後半の女性でKさんといった。鼻筋が通って端正な顔立ちで、性格も明るい彼女にM靖さんは入れ込んでおり、気がつけば週に四日も顔をだしていた。

その夜もはやい時間から店にいき、いつものようにKさんを指名した。

彼女はすぐに現れたが暗い様子で、泣いたのか目が赤くなっていた。

「どうしたん？　お客さんになんかキツイこと言われたん？」

「ううん、違うねん。なんか疲れてるんか知らんけど、変なことあって」

先ほど店に到着したKさんは、奥にある控え室で着替えていた。

控え室はいくつもロッカーが並ぶ、L字になっている広めの部屋らしい。

ロッカーの扉の裏についた鏡で化粧を確かめていると、女性が後ろを通っていく。

ひとりだと思っていたKさんは驚きながらも、いま通った彼女に目をむける。朱色の派手なチャイナドレスだったという。その女性は入口にむかって、まっすぐ歩いていく。

誰だろうと思いながらも、その背中に「……お疲れさまです」と声をかけた。

Kさんの声には答えなかったが、女性は控え室の出口の前で止まる。

そしてドアに溶けこむように消えてしまった、というのだ。

「……なにそれ？　もしかして、ゆうれい？」

「いや、それだけじゃないねん。ウチ、めちゃ怖くなってもうて」

ロッカーを閉めてドアにむかった。

ヒールの底に妙な感触があり、床を見るとびっしょりと濡れていた。

（これは、いまのおんなの子の……足跡？）

さらに怖くなって、すぐにホールにでようとドアノブに手をかけた。

ところが今度はノブをまわしても開かない。鍵もついていないのに、ドアがビクとも動かない。Kさんは「え？　なんで？　ちょっと？」と何度もノブをまわす。すると目の前のドアに女性の顔が浮きでた、というのだ。

「もう、めちゃくちゃデカい悲鳴あげて。泣いてもうたわ」

そういって彼女は思いだしたのか、目を潤ませていた。

「ごめんな。多分、疲れてるんやと思うわ」

そういって涙を拭く指が小刻みに震えている。

「そっかあ……多分オレが来るから、ヤキモチ焼いて出てきたんやろうなあ」

「アンタが男前やからってか？　なんや、それ」

「いやいや、マジで。絶対にそうやと思うわ」

「え？　どういうこと？」

「この店、前はチャイナドレスがウリのキャバクラやってん。よう来てたわ。オレがよう指名してたのが、朱色のドレス着てた○○ちゃん。その子、家で寝てるとき火事で焼け死んだんやでえ。

不死身

ある男性から「こんな話ならありますよ」と聞いた話である。

土建業である彼の同僚でYさんという男性がいた。躰が大きく、ヒゲをたくわえた顔は山男のようだった。いつも大声で笑っている彼の趣味は車を運転することだった。

ところが、みんな彼の車には乗りたがらない。

なぜならYさんは車の運転が異常といえるほど荒かったのだ。


「運転しだした途端、豹変する人いますね」

ぼくがそう言うと男性は「違うんです」と首を振った。

「もうね、そういう感じじゃないんです。普通に話しながら、ぶっ飛ばすんです」

速度は守らないし、急ブレーキは強すぎるし、車間距離は近すぎ、壁に車を擦《こす》る。

だが、運転している本人は車など乗っていないかのように、昨日観たテレビの話をしてけたけた笑っていた。

同乗している者たちはみんな生きた心地がしないのだそうだ。

「他の車に怒鳴《どな》ったりケンカ売ったり、そういうことはしないんです。なんというか」

Yさんには「なにかが欠けてる」という感じがしたという。


ある昼、みんなで昼食をとっていた。

仕事場の親方が「お前、事故ったりしたことあるだろ」と聞いた。

「これは自慢なんですけどね、実はね……」

Yさんはいままで、六台ほど廃車にしたことがあると笑いながら話した。

「六台！　お前……もう車の運転むいてないじゃん」

「それがですね、運転席もメチャクチャなのにオレ、ぜんぜん大丈夫なんすわ」

何度も大きな事故にあっているのに、Yさんは大きな傷を負ったことがないらしい。

「あ、でも最後の事故はフロントガラスを突き破って外に出ちゃって。ちょっとだけ切り傷はありましたね。でも車はその後、豪快に炎上してましたよ。はっはっは」

「笑い事じゃねえよ……なんでそんな、変な自信があるんだよ」

「オレね、不死身なんすよ、見てください」

Yさんは左の袖をめくりあげ太い腕を皆に見せた。

タトゥーがあり、呪文のような文字の横に漢字で「不死身」と書かれている。

「ね！　不死身でしょ。この横の呪文のような字は身体ナントカのお守りなんです」

「……お前が馬鹿なのはよくわかったよ。じゃあ、誰か怪我させたことは？」

「それはありますね。一緒に乗っていたツレとか。顎《あご》の骨が砕けてました」

「轢《ひ》いたことは？」

「それは多分ないですね。轢いても気づかないかも」

「……もうお前の車にゃ絶対に乗らねえよ。ん？　その呪文？　傷があるじゃねえか」

「だからこれは最後にフロントガラスを突き破ったときに、ついた切り傷なんです」

「傷ついたらもう効能ねえんじゃないの？」

親方がそういうと、みんな笑っていたそうだ。


「いまもYさんは相変わらず不死身で、荒い運転をしているんですか？」

ぼくがそう尋ねると「いえ、もう違います」と男性は答えた。

ある日、他の現場に移動する際に、親方たちの乗った車を抜いて飛ばしていった。

その直後、前方で凄まじい音が鳴り響く。Yさんの車は左折するトラックの後ろに接触した勢いで横に回転、ガードレールに何度もぶつかり反対車線の車と衝突し、さらに吹き飛んだ。歩道橋に激突して、やっと止まった。

「死体はかなり酷く原形をとどめていませんでした。座席はミートソースをぶちまけたような感じでしたね。顔面がほとんど潰れて――かろうじて左腕が胴体に繋がっているような状態でした。その引き千切れそうな腕、皮膚がズタボロでタトゥーの文字が」

「死」という漢字しか、読むことができなかったそうだ。

またいるッ

ある夜、外食をした帰り、T子さんが夫とふたりで家へ帰る夜道を歩いていた。

今日あった仕事場での出来事などを話していると、お寺の塀の横を通りかかった。

「ねえ、いつも思うんだけど……ここって少し気味悪くない？」

夫はぎょっとした顔をして「もしかして、なにか知ってる？」と尋ねてきた。

T子さんがなんのことか聞きかえすと、こんな話をはじめた。


数日前の夜、仕事帰りの夫がこの道を歩いていたときのこと。

塀のむこうから「またいるッ」と声がした。

なんのことだろうと不思議に思っていると、ばたばたッと走る音が聞こえてきて、

「本当だ、いったい何度やれば成仏するんだッ！」

そういってすぐにお経を唱える声が響いてきた。

夫が足を止めて（こんな時間になにやってるんだ？）と塀を見上げる。

むこう側は墓地のようで、卒塔婆《そとば》が少し見えていた。

するとまた、ばたばたッと走る音が聞こえてきて、お経を唱える声が増えた。
塀のむこうが気になった夫は、むかいにある二階建ての古いアパートに目がいった。
(あそこからなら見えるな)
アパートの階段をあがって、二階の手すりから塀のむこうを見る。
真っ暗な墓があるだけで誰の姿もないが、ハッキリとお経は聞こえてくる。
(この角度からは見えないのかな?)
少し移動したりして何度も確認したがわからない。
諦めて階段をおり歩いていると、お経の声が移動しているのに気がついた。
(あれ? どういうこと?)
もう一度、足を止めて今度はきびすをかえし、きた道を戻ってみる。
やはり声もついてくる。ということは——。
(もしかして、ぼくにむかってお経が唱えられている?)
そう考えたら「またいるッ」という言葉も、自分のことのように感じられてきた。
(じゃあ、さっき言ってた成仏ってのは、ぼくを成仏させようとしてるのか……)
とにかくこの場を去ろうと足を早めた。
お経はずっと夫の真横をついてきて、塀が途切れると後ろになり、そのうち聞こえなくなった。

「っていうことがあったんだよ。怖くない？」

「このお寺、確かにふたり住職さんがいるけど、それよりもいまの話……」

本当なの？　とT子さんは真顔で尋ねた。

「……でも、よく考えたら普通だよね、お経なんて。ここはお寺なんだし」

「いや、そうじゃなくてお寺の横よ。ずっと長いあいだ空き地よ」

アパートなんて、どこにあるのよ。

もういいから

深夜、S田さんが部屋でテレビを観ていると玄関が開く音がした。

見ると合鍵を渡している彼氏がいた。

いつもはくる前に連絡をしてくれるのでS田さんは不思議に思った。

「ち、近くまでよったから、遊びにきた」

そう言いながら彼氏は台所の換気扇の前に立って煙草に火をつけた。なんだか様子がおかしく思えたので「どうしたの？　なにかあった？」と彼のそばへいく。

先ほど友人たちと心霊スポットにいき、怖い思いをしてきたのだという。

「す、すげえ怖かった。お、お前、御札《おふだ》とか、持ってないよな。御守りとか」

「あるワケないじゃん……怖かったって、なにがあったの？」

S田さんがそう尋ねたとき、とん、とん、とドアがノックされた。

話題が話題だっただけにふたりは固まってしまった。

「こんな時間に……だ、誰だろう？」

「し、知らねえよ、開けなくていいぞ、もういいから、マジでもういいから」

そう言ったきり彼氏は口を閉じて、もうなにも話さなくなった。
ノックは一晩中続き、ふたりは怖がりながら朝まで布団を被って震えていたそうだ。
心霊スポットでなにがあったのかは結局、教えてもらえなかったという。

とん、とん。

看板の子

Kさんがずいぶん前に体験した話である。

彼が小学生のころ、大阪府にある三国という駅の近くに住んでいた。いまは大きなマンションが建ち並んでいるが当時は文化住宅と呼ばれる古いアパートばかりで、Kさんもそこに両親と暮らしていたそうだ。

ある夕方、川沿いでなにをして遊ぼうかと皆で話していた。すると友人のRくんが、

「昨日オレな、看板の子、見たんや」

「看板の子？　誰？」

「あそこの看板の子やん。国道にあるローラースケートの」

Rくんが住んでいるアパートの近くに、大きなローラースケート場があった。

国道沿いにあるその施設にはイラストが描かれた看板がかけられていた。イラストはふっくらとした少年で、ローラースケートで走り滑っている姿だったらしい。かなり巨大なその看板のおかげで市内に住んでいる者は皆、施設のことを知っていたという。

それでもKさんはRくんの言っていることがわからなかった。

「うん？　どういうことや？　看板の子を見たって？」

「だから。看板にめっちゃ似てるヤツがおってん。昨日、ここで」

「ああ、そういうことか。どこの学校の子？」

「知らん。でも川のなかに入って話しかけてきた」

「川に入って？　こんな汚いのに？　なんて話しかけてきたんや」

さむい、さむいわ——そんなことを言っていたというのだ。

「尼崎《あまがさき》からきたとも言うてた。もしかしたら今日もおるかも。行ってみようや！」

Kさんたちは R くんの提案にのって、その看板の子を見にいくことにした。


土手を進み、橋の真下までくると R くんは歩みを止めた。

そして川を覗きこみ「あ、今日もおるわ。おーい！」と声をかける。

「……あれ？　なんか昨日と違う」

Kさんたちは覗くと同時に息を止めた。

確かに子どもが川に浸かっている。

話の通りローラースケート場の看板に描かれたイラストの体勢に似ている。

顔もイラストのように、ふっくらしていた。

しかし、看板と違って肌の色は異様に真っ白だ。
生えている草に引っかかり、ぷかぷかと浮いているそれは子どもの溺死体だった。
大騒ぎになり、すぐに大人を呼ぼうということになった。
呆然とした様子でRくんは川を見下ろし、動かなかったそうだ。

数日のあいだ、付近はその話題で持ちきりだった。
問題は死体が死後数日経っていたことと、尼崎に住んでいた少年だったことだ。
Rくんの言ったことが正しければ、彼は死体と話をしたということになる。

「いまはもうありませんが、解体されるまでずっとローラースケート場の看板を見るたびに思いだしていました……」
厭な思い出です、とKさんは話を締めた。

憑かれている

ライターのIさんという男性が、自称霊能者という女性と逢うことがあった。

自ら逢いにいったのではなく、取材相手の主婦が勝手に連れてきたのだ。

Iさんは超常現象を一切信じていないので（邪魔だなあ）と思っていたらしい。

途中、取材相手が電話をかけにいったので、ふたりになってしまった。

黙っているのも気まずいので「霊とか視えるんですか？」と尋ねた。彼女が自信満々に「はい、集中すれば視えます」と答えたのでIさんは（はい、うそ）と思った。

「視えなくとも霊がわかることはありますよ。最近はそういうことが増えましたね」

「……それは集中しなくても視えるようになった、能力が高まった的なことですか？」

そうではありません、と女性は続けた。

「残酷な事件や悪質な事故の犯人が捕まった。そんなニュースがあるでしょう？　テレビに映った犯人を見て、もちろん全員が全員じゃないけど、あきらかに変なモノに憑かれている人がいますね」

「……それはとり憑かれているから、犯罪を犯したということですか？」

彼女は首を振って「いえ、とり憑かれているんです」と答える。

「ん？　いや？　ですから、その、霊にとり憑かれているせいで犯罪……」

「そうではなく、テレビに『とり憑かれる瞬間が』が映っているんですよ」

警察に犯人が連れていかれるのを、マスコミが撮影する。

その映像に「霊が犯人にとり憑く」のが視える、というのだ。

「それは被害者が……恨みを持って犯人にとり憑いているのですか？」

「被害者はそんなことしません。アレはもっと悪意のあるものというか……」

それは黒い塊《かたまり》のような形をしており、尾を引いて空中に飛んでいるという。

「俗にいう人魂みたいな感じですか？」

「そうですね。形はイメージされる人魂と同じですね。でも、ひとつではありません」

大抵、無数に犯人のまわりを飛びかい、次々と口のなかへ入っていくそうだ。

「アレは力が強いのですかね。集中しなくても視えます。霊感がない人も、アレが近づけば、吐き気のような感覚を覚えるはずです……ときどきいるでしょう？　生理的に厭としかいいようがない人。そういう人はアレが近くによってきている人なんです」

「口に入られた犯人は、なにか反応とかするんですか？」

「アレがいくつも口から侵入していったとき、ほぼ全員が同じ反応をしますね。それは」

歪ませるように唇の端をあげて、厭な笑みを浮かべる、らしい。

「その『憑かれた人』の人生はその後、どのように変化するんですか？」

「わかりません。それが気になるので……だから今日、わざわざ同行したんです」

そのとき電話をかけにいっていた取材相手が、歪んだ笑みを浮かべて帰ってきた。

取材相手の主婦は事件の多い暴力団組員の妻であった、という話だ。

泣いている子ども

数年前、豊島区にある繁華街でR美さんが友人と呑んでいた。

次の店にむかう際中、R美さんが上司の愚痴を話しながら歩いていると。

友人が「あれ？　いまのなに？」と足を止めた。

「どうしたの？」

「なんか……いま見えた気が」

そう言って友人は道を戻り、ビルとビルのあいだに目をやった。

「あれ、子どもじゃない？」

彼女が指さすほうをR美さんが見る。

汚いゴミだらけの小道の奥に背中をむけて、しゃがみこんでいる子どもがいた。

「あんなところで、なにしてるんだろう？」

時間はすでに深夜の一時を過ぎている。

R美さんが見上げると、二棟とも風俗ビルのようだった。

「変だよね、こんな時間に、こんなところに」

そう言うと友人は小道に入っていった。隙間はずいぶん狭く、ひとり入るのがやっとだった。R美さんは道路から友人の背中を見ていたそうだ。

「ボク？　どうしたの？　なにしてるの？」

友人がしゃがみこんで、子どもに優しく話しかける声が聞こえた。

しかし次の瞬間、友人は「きゃッ！」と悲鳴をあげると、立ちあがり慌てて小道から道路に飛びだしてきた。

「え！　なに？　どうしたの？」

友人は質問に答えずR美さんの背中にまわりこみ、小道をうかがっている。

「見てッ！　あれッ！」

小道に目を戻すと、しゃがんでいた子どもが立ちあがり、こちらを見ていた。

顔を斜めに傾けているのだが、頭が風船のように丸く大きい。

R美さんたちが見ている前で頭はさらに、ぐぐぐと膨らみ続けている。

その口元は笑っているようにも見えた。

ふたりは悲鳴をあげて、その場から逃げた。

飛びこんだ馴染みの店で、自分たちがいま見たものを話す。

店主は冷たい目で「あそこのビルだろ？」と子どもを見た場所を言い当てた。

「むかしからなんだよ。あのビル変な店も多いし。もう近づかないほうがいいよ」

当たり前のように言う店主に、R美さんたちはまた怖くなったという話だ。

祟りがあるよ

Ｉ県に住んでいるＪさんという男性の話である。

まだ彼が十代のころで、友人とふたりで道を歩いているときだ。

「なあ、知ってるか？　あの樹のこと」

友人は道路にある樹木を指さしてＪさんに聞いてきた。

「なんだよ？　あの樹がどうしたの？」

「あの樹さ、どうしてあんなところに生えてると思う？　邪魔だと思わない？」

言われてみれば道路の真ん中にある。

囲んでいるガードレールはまるで樹木を守っているようだ。

「そうだな、わざわざガードレールをつくるくらいなら、切っちゃえばいいのに」

「だろ？　オレも最近、たまたまネットで見たんだけど、あの樹を切ろうとすると」

祟りがあるらしいぜ――。

「は？　なに祟りって？」

「え？　祟りっていうのは、その、なんだ、ゆうれいの呪いみたいなもんだ」

「なんだよ、ゆうれいの呪いって……その言い方、子どもじゃないんだから」

「とにかく、切ろうとすると悪いことがおきるんだよ」

そんなことをはじめて聞いたJさんは、友人と樹木に近づいてみることにした。

近くで見ると、樹齢を経ていそうな太い立派なものであった。細いしめ縄が絞められているが、特に気味の悪さを感じさせるところはない。

「……普通じゃん」

友人は足をかけてガードレールの上に立ち、落ちないように樹木に体重をかけた。

「そう見えるけど、このなかは怨念たっぷりなんだよ。だから切ろうとしたら祟るんだ」

友人が樹皮をぽんぽんと叩くと、後ろから子どもの声で、

「ちがうよ、触ったら祟るんだよ」

Jさんは振りかえったが誰もいない。

「……いまの誰だよ?」

友人にもその声が聞こえたようで、まわりをきょろきょろと見回している。

「……止めろよ、そんなんじゃビビらねえよ」

「いや、マジでオレじゃないよ、なんかガキの声だったじゃん」

友人は青くなり「もういいって。お前だろ」とガードレールから飛びおりた。

地面に着地した瞬間、乾いた枝を折るような音が響いた。

「いま、変な音……」

Jさんが言い終わる前に、友人は悲鳴をあげてその場に倒れこむ。

両足とも太ももがヘシ曲り、ジーパンから骨が飛びだしていた。

はぁああ

京都在住のMさんという主婦から聞いた話である。

彼女がまだ実家暮らしをしていた夏のころ。

深夜に自室で休んでいると、

「はぁああ」

微かに、ため息を吐くような声が聞こえた。

すぐに目を覚ましたMさんは、反射的に顔を声が聞こえたほうにむけた。

その瞬間、ぐっと息が詰まるような感覚を覚え、そのまま躰を動かすことができなくなった。部屋の戸が開いており、廊下に立った何者かがこちらを見ている。

シルエットから察して、髪がバサバサに広がったおんなだ。

Mさんは叫ぼうとしたが、えッ、えッ、という吃逆《しゃっくり》のような声しかでない。

しばらく彼女を見つめると、滑るように後ろにさがり、ぱたんッと戸が閉まる。

すぐに躰が動くようになり、両親の寝室にいくと、

「大変や！　オバケ！　オバケがでてん！」

そう必死に訴えたが「寝ボケただけやろ」と相手にされなかった。


次の夜、Mさんは（あのオバケ、またでたらどうしよう）とビクビクしていた。

怖かったので灯りもテレビもつけたまま、布団をかぶった。

これだけ明るかったら大丈夫だろう、そう考えたのだ。

ウトウトとしかかったとき再び「はぁああ」と声が聞こえた。

また反射的に顔をむけてしまい、躰が動かない。

先ほどまでついていたはずの灯りもテレビも消えている。

部屋の戸は開いていたが昨夜と違い、そこに誰の姿もない。

ほっとしたのはつかの間だった、部屋の入口ではなく枕の横にアゴをのせて、Mさんをじっと見つめるおんなの顔がある。大きく目を見開いて、口から血の泡を吹きながら「はぁああ」と声をだす。Mさんは思いきり、ちからをこめると、

「ぎゃあああッ！」

悲鳴をあげることができた。

するとおんなは音も立てずに消え、両親が「どうしてん！」と駆けつける。

Mさんは「オバケ！　またオバケがおってん！」と泣きながら説明した。

娘のただならぬ様子に父親は、

「わかった。明日、調べてみるから今夜はこっちで寝たらええわ」

そういってその日は両親の寝室に布団を運んで眠った。

翌日の日曜、居間でMさんは両親と一緒になにが原因なのかと考えていた。

彼女の部屋や家のまわりに変わったことがないか調べてみたが、特になにも見つけることはできなかった。

Mさんの見たものを証明する赤黒いシミが数滴、枕カバーにあるだけだった。

父親は腕を組んで「お祓いをしてくれる人を探すしかないな。でもお祓いってどこで頼めばいいんやろか」と唸《うな》っていた。

そこへ珍しく、Mさんの弟が帰宅してきた。

弟はだらしない生活をしており、彼女や友人の家に泊まって滅多に帰ってこない。

「うーす。三人そろってなにしてるん？」

「あんた……気楽でいいな」

Mさんは弟におんなのことを説明した。

「これ、ホンマの話やで。あんた、なんか知らんか？」

「気持ち悪いな。知ってるはずないやろ」

怖がっていたが少しして弟は「……ん、ちょっと待てよ」と考えこんだ。

「そのおんなの人、ため息吐いてたって？」

「ため息みたいな声。ぶくぶく赤い泡吹きながら『はぁああ』って」

「……そういえば」

弟は自分の部屋にむかうと、革のセカンドバッグを片手に居間に戻ってきた。

「あの、これな、先に言うけど、オレのじゃないで。それわかってや」

先輩から預かってんねん、と弟はなぜか強く念を押してくる。

「……なにそれ？　なにが入ってるの？」

「先輩が言うてたんは……彼女の『歯』が入ってるって」

弟の言葉に、Mさんと両親に寒気が走る。

「どういうこと……歯って」

「だから、そのおんな、はぁあって言ってたんやろ？　はぁああじゃなくて」

歯ぁああ、じゃないのか？　と弟は言った。

「ホンマにそのバッグに歯が入ってるの？」

「いや、それを確かめようと思って……開けてみるで」

弟はセカンドバッグのチャックを開くと、なかに手を入れる。

「……あった?」

「いや……なにも。空っぽや、あ、違う、コレか?」

弟はなにかを握ってとりだすと、顔を近づけて凝視した。

「……これやな。歯やわ」とテーブルの上にガラスの薬瓶を置く。

そこにはぎっしりと、人間の歯がはいっていた。

「うわッ! なにコレ! あんたの先輩、人殺しか!」


弟の話によると、先輩の彼女は薬物中毒だったらしい。

警察の世話にもなったが止めることができず、施設に入院させられていた。

あるとき先輩が家に帰ると、入院しているはずの彼女が部屋にいた。話を聞くとどうも施設から逃げてきたようだ。テーブルには抜かれた歯とペンチが並べられている。

彼女は口からボタボタと血を垂らしながら笑って、

『ワタシ施設に戻るからぁ、帰ってくるまでコレ持っててなぁ』

そしてフラフラとでていき、それっきりらしい。

「こんなもん持ってられへんから、預かってくれって言われたけど……ホンマに歯やとは思わんかった」

「そ、その彼女はいまどこにおるん？」

「知らんて言うてた。施設にも戻ってないって。もしその行方不明になってる彼女がどこかで死んでて、自分の歯を探してたら――」

Mさんも弟も両親も、それ以上なにも言わなかった。


その夜、Mさんによって薬瓶はフタを開けた状態で玄関の外に置かれた。

翌朝になると薬瓶は空になっていた。


その先輩の彼女が生きているか否かは、現在もわからないそうだ。

こんばんは

夜、M香さんが住んでいる団地に戻ってきた。
エレベーターがくるのを待っていると、スーツ姿の男性が歩いてきた。
見かけない人だったが、彼女は「こんばんは」と挨拶をする。
男性は考えごとをしているのか、うわの空といった表情で返事をしなかった。
チャイムが鳴り、扉が開いたので一緒にエレベーターに乗りこむ。
男性は最上階の十一階のボタンを押し、M香さんは自分の部屋がある七階を押した。
階に到着すると廊下を歩いて、部屋の前に立つ。
(あ、煙草が切れていたんだった)
コンビニへいこうと、きびすをかえしてまたエレベーターの前に立つ。
エレベーターは最上階から降りてくると当然、先ほどの男性はいなかった。
コンビニで買い物を済ませ、また団地に戻ってくる。
エントランスに入ろうとすると耳元で「こんばんは」と男性の声がした。

まわりを見るがM香さんしかいない。
（え？　じゃあいまの声はなに？　誰の声？）
怖くなりかけたそのとき真後ろで、ぐちゃッとなにかが落ちてきた。
先ほどエレベーターで逢った男性が飛び降り自殺をしていた。

その日からときどき、その男性がエレベーターに乗ってくるようになった。
挨拶を後悔したのは後にも先にもこの一件だけだという。

亡くなっていますよね

財布を落としたTさんは警察署にやってきた。

警察官に渡された遺失届を書いていると、男性が入ってきてTさんの横に並んだ。

「こんにちは。どうされました？」

「あのう……一週間ほど前、亡くなったおんなの人がいませんでしたか？」

男の奇妙な質問に反応したTさんは、男性の顔に目をむけた。

白髪まじりの不精ヒゲの男性は、充血した目をギョロつかせて警察官を見ている。

「カバンをひったくられて転んだおんなの人です。亡くなっていませんか？」

警察官は「あの……どういうことでしょうか」と首を傾げている。

「私がひったくりの犯人です。亡くなっていますよね。毎晩、おんなの人が爪で引っ掻いたり首を絞めたりしてくるんです。もう眠りたいんです。自首します。どうか私を」

そこまで言うと男性はTさんのほうへ傾き、そのまま床に倒れた。

Tさんは「うお！」と声をだして男性の顔を覗きこむ。

彼は白目をむいて顔面を痙攣《けいれん》させ、口から泡を吹いていた。

「ちょっと！　大丈夫ですか！」

警察官は後ろにいた同僚に、人を呼ぶように指示した。

そして男性の横に駆けよると、息をしやすいようにか顔を横にむけた。

「うわ、なんだこりゃ！」

彼の額には擦ったような傷が無数にあった。

よく見ると額だけでなく、顔のあちらこちらに傷があり、首元には赤いアザがあった。

男性はやってきた数人に、奥へと運ばれていった。

顔にあった傷が爪で引っ掻かれたものかどうかは、Tさんにはわからなかった。

ただ首のアザは間違いなく手の形をしていたという。

風呂の音

奈良県に住むHさんという男性から聞いた話だ。

彼は結婚を機に戸建ての家に移り住んだ。そこは靴下の生産で有名な町だが、まわりはほとんど田畑ばかりだ。家の敷地も充分な広さがあり、大きな庭を手にいれたHさんの妻は喜んでいた。しかし、ひとつだけ妙なことがあった。


あるとき、風呂からあがった妻がリビングにいるHさんに、

「なんか、ここってな、お風呂の音が聞こえへん？」

質問の意味がわからなかったHさんは「お風呂の音ってなに？」と聞きかえす。

「ざーとか、ばしゃばしゃとか、お風呂に入ってる音。聞こえへん？」

「リビングまで聞こえるかってこと？　聞こえへんよ。テレビ消してたら聞こえるかも」

いやいや、そうじゃなくて、と妻が首を振る。

「お風呂に入ってたら、人のお風呂の音が聞こえるってこと」

妻が言うのは自宅ではなく、近所の家からの「お風呂に入っている音」のことらしい。

いちばん近い隣の建物でも距離は八百メートルほどある。しかも、そこは家ではなく車の整備工場だ。普通の民家は近くにはない。田畑ばかりで建物がなく音が響くといっても、そこまで遠くの音が聞こえるはずはない。Hさんが「勘違いじゃないの？」と答えると、

「うーん、お湯を浴びてる音が反響して、そう聞こえるだけなのかなあ」

妻はそうつぶやきながらも納得していない様子だった。

気にもならなかったHさんは「お風呂の音」のことをすぐに忘れてしまった。


それからしばらくして親せきの用事で妻が家に帰れない夜があった。

Hさんは出前を食べた後、シャワーを浴びようと風呂場にむかう。そのときどこからともなく、水の流れるような音が聞こえてくるのに気がついた。

そこでHさんは妻が言っていたことを思いだした。

それは「お風呂の音」というよりも「川のせせらぎ」に近いように思えた。

（わかった、田んぼの横の溝からだな）

どこかの田畑の持ち主が、水路を使って水を張っているのだと考えたのだ。

いったん風呂場からでて、台所にまわりサンダルを履いて勝手口から庭にでた。そこからならちょうど水路を見ることができるし、ハッキリと聞こえるだろうと思ったのだ。

ところが、音は水路からではなかった。確かに聞こえるのだが、それはチョロチョロといった微かなもので、先ほど風呂場で耳にした水音ではない。

それならばいったいどこからしているのか。

気になったので、今度は風呂場の窓があるところまで歩き、目をつぶって耳をすます。

（あ……聞こえる）

音は、いま自分がいた自宅の風呂場からであった。すぐに家に戻って、風呂場に入ると外から響いてくる。もう一度、外にでて窓に近づくとなかから聞こえる。

（いったい、どうなっているんだ？）

Hさんは手を伸ばして窓を開けた。

窓枠を両手で掴んで、ぐぐッと躰を浮かせ、窓に頭を突っこんだ。

先ほどまで空だった浴槽が、お湯でいっぱいになっていた。

まだ捻《ひね》ってない蛇口からお湯がでて、浴槽の外に溢れていく音がする。

全裸の赤ん坊が足だけを浮かせて、斜めに沈んでいた。女の子だった。

足をバタバタ動かすたびに、ばしゃッ、ばしゃッと湯を波立たせている。

女児は浴槽の底から、口を開けてHさんを見上げていた。

Hさんは「うわッ！」と悲鳴をあげて手を離し、後ろに転んでしまった。

すぐに立ちあがって風呂場に走ったが、やはりお湯は入っていない。
それでも音はまだ聞こえていたそうだ。

翌日になって帰ってきた妻に、Hさんは自分が見た赤ん坊のことを言えなかった。
近くの神社で神主に相談すると「これを貼ってみなさい」と魔除けの札をくれた。
それを外の窓の上に貼ってからというもの、音は聞こえなくなった。
Hさんはいまもその家に住んでいる。

以前、その家に住んでいたのは若い家族だったらしい。
それ以上の詳しいことを調べる気にならない、とHさんは仰っていた。

駅での話

Bさんが都内で最も乗降客数が多い駅で、こんな体験をした。

その日、Bさんは上司の命令で取引先にむかっていた。

ホームをおりてコンコースを歩いているとスマホが鳴った。同僚からの連絡で別の案件についての質問だったという。通行の邪魔にならないように壁側によって、同僚と話していた。

Bさんは話しながら、コンコースの真ん中に女性が立っているのに気づいた。多くの人がいきかうなか、女性は微動だにせず、ただ立っている。下をむいているので顔はわからないが、よく見ると白い服はあちこちに茶色いシミがあり、すこし気味が悪い。

（ホームレスの人かな……）とBさんが思っていると、電話で同僚が「……なのでBさんが戻ってくるのを待つね。ちなみに何時に戻れそう？」と尋ねてきた。

「会社に帰るのは夜になるかも。関係ないけど、いま前に変な人がいて気持ち悪いわ」

Bさんがそういった瞬間、女性がBさんのほうにバッ！　と顔をむけた。

女性の顔は青かった。

顔色が悪いなんていうものではなかった。ペンキで塗ったように青色なのだ。そしてそこには目も鼻も口もなく、ただ塗り潰した「青」がBさんのほうにむけられている。奇妙で目立つおんなの姿は、他の乗降客たちに見えていないようだ。

ぞわッと寒気が走って、すぐにその場を離れた。

急いでホームに駆けあがったBさんは、きたばかりの電車に乗りこんだ。


数日後の週末、同僚たちとの飲み会があった。

そのとき、怖い話になったのでBさんは女性のことを思いだした。

同僚たちに「○○駅で変なおんながいたよ」と見たものを話す。

すると同僚のひとりが顔色を変えて「やっぱり、あの駅にはそんなものがいるんですね」と次の話をした。

青いおんな

その同僚にはY希さんという友人がいた。

Bさんが駅で見た女性を、彼女は以前から何度も目撃していた。目にするたびに厭な気分になるのでコンコースをいくときは、できるだけ端を歩くようにしているらしい。

ある年末、忘年会に呼ばれたY希さんは×××駅で下車した。時間は午後七時前だ。駅のホームを歩いていると前方を見てぎょっとした。

(あのおんなだ……)
○○駅のコンコースにいる女性がベンチの横に立っている。髪を垂らして下をむいている姿は明らかに目立つ風貌だ。にもかかわらず、まわりの誰も気にしていない様子から、やはり女性は他の人には見えていない存在だとわかる。
Y希さんは目をつけられないように、うつむきながら歩いた。すれ違う寸前、ちらりと女性の頭を見る。

髪のあいだから青い色がのぞき、ぞくりと寒気が走った。

すぐに駅の階段を駆けおりて出口にむかう。
改札を抜ける寸前、後ろから激しいブレーキ音と悲鳴が響いてきた。
彼女は足を止めたが「飛びこみだ」という言葉を聞いて、すぐに駅からでた。
気分が悪くなったY希さんは、帰りはタクシーを利用したということだ。

「そのY希って子はその女性のことを『死神みたいなもの』って言ってました。確かに××駅は自殺の名所なんて言われているんですけど……それなら○○駅でおんなはいったいなにをしているんですかね、と同僚は話していた。

もうひとり

少しだけ変更して記さなければならない体験談である。

ある男性が「裏話を教えますよ」と語ってくれたものだ。


Aさんが B さんに呑みに誘われた。

「このあいだ、いい店を見つけたんだ。オレの彼女とお前の彼女の四人でいこうよ」

Aさんの彼女の予定も空いている日なので「いいね。いこう」とOKした。

その店で待ちあわせることになったそうだ。


住んでいる港町から車で三十分ほどかかるところに店はあった。

Aさんの彼女は下戸だったので、彼女が運転する車に乗せてもらい店に到着した。

ウエスタンスタイルのお洒落なカフェバーで、流れている音楽も悪くない。

しばらく彼女と話していると、Bさんとそのガールフレンドがやってきた。

「お待たせ。どうだこの店、すごくいいだろ?」

「ああ、カッコいい店だな。気にいったよ」

そういって四人は楽しい時間を過ごしたそうだ。


酔いがまわりはじめたころ、Bさんが「そろそろ帰るか」と言いだした。

勘定を済ませた四人は、Aさんの彼女の車がある駐車場にむかう。

すると彼女の車の横に、Bさんの車があった。

「あれ？　お前、まさか車でここまできたのか？」

「ああ。仕事帰りだったし、こいつを乗せてきたからな」

「じゃあ、車は明日とりにきて、こっちに乗れよ」

「いいって、いいって。そんなに酔ってないから大丈夫だ。運転できるよ」

「なに言ってるんだ、冗談はよせよ。危ないから、こっちに乗れって」

Aさんがいくら言っても、Bさんとガールフレンドは聞かなかった。

止めようとしたが乗りこんで発進しようとするので仕方がなく、

「じゃあ、オレたちの後ろをゆっくり走れよ」

そういって車をだし、Bさんたちの前にでた。

ゆっくりと道路を進んでいき、Bさんたちはちゃんとついてくる。

運転をしているAさんの彼女はシラフだったので、

「本当に大丈夫かな。けっこう呑んでたよ」

かなりBさんたちの車に気を使っているようだった。

信号待ちになったとき、Aさんが携帯で連絡して様子をうかがうと、

「心配性だなあ。気にしないでいいよ、大丈夫だから」

Bさんはそう言って笑っていた。

それからしばらくして、峠にさしかかった。ガードレールのむこうは海なので、さらに気を使いながら進んでいたとき、Aさんの彼女が悲鳴をあげた。

「きゃあッ、危ないッ!」

Aさんが振りかえると、Bさんの車が急ハンドルを切るところだった。そのままガードレールを突き破り、テールランプが空中に線を描いて、真下の海に消えていった。

「落ちたぞッ!」

彼女は急ブレーキをかけてすぐに車を停車した。

ふたりは車から降りると、へしゃげたガードレールに走った。

海を見下ろしたが暗闇ばかりでなにも見えない。どのくらいの高さがあるかはわからなかったが、おそらく百メートル以上はゆうにあるはずだ。

「た、た、助けを呼ばなきゃ！」

酔いの吹き飛んだAさんは、かなり動揺していたのか、友人の男性に電話をかけた。

その男性こそが、この話を聞かせてくれた人物である。

「オレにかけてどうするんだ！　警察にかけろ！　オレもすぐそっちにいくから！」

Aさんは男性にだいたいの場所を伝えて電話を切った。

彼女は横で膝をつき、泣いていたそうだ。


すぐに警察がきて車の捜索がはじまった。

どう考えても助かる高さではなく、Bさんたちは絶望的だった。酔っていることを知っていたという理由で、Aさんと彼女は警察に連行されることになった。

現場に到着した男性は、それを見ているしかなかったという。


翌日の夕方、無惨な状態になった車が発見された。

そこから、警察署にいたAさんたちに対して妙な取り調べがはじまった。

警察がふたりを別々の部屋に通して「本当のことを言え」と態度を変えたのだ。

「本当のことを言ってるんですけど……さっきからなんなんですか？」

「嘘を吐くな。本当はお前たちが前を走ってたんじゃないんだろ？」

「はあ？　そこですか？　どうしてそんな嘘、ぼくたちが吐くんですか」

「お前たちが前を走って、ふたりが乗った車がついてきていた。そういうことか？」

「そうですよ。それのどこに変な点が……」

「じゃあ、なぜ後ろの車に三人の死体があるんだ！」


海に落ちた車のなかにはBさんとガールフレンド、そして見知らぬ老人がいた。

老人はBさんの車にはね飛ばされ、フロントガラスを割って車内に入った。慌てたBさんがハンドルを切ってしまい、車が海に落下した——その事実をAさんたちが隠していると警察は考えたのだ。

しかし、前を走っていたのは確実にAさんたちである。

もしも老人を轢くなら、後ろの車ではなく彼らのはずだ。

運転していた彼女は検査をされてもアルコール反応はでなかった。

そんな老人が歩道もない峠で歩いていたら、シラフの彼女が見落とすわけがない。

ならば老人の死体はどこでBさんの車に侵入してきたのか？

その答えは解剖ではっきりとした。

老人はBさんたちと違って目立った外傷はなく、その死因は溺死だった。

そして死亡時間も半日以上のずれがあったのだ。


警察のだした結論としてはこうだ。

車の落ちた海の底にちょうど溺死した老人の死体があった。海面に叩きつけられたフロントガラスが割れて、海水が車内に流れこむ際に老人の死体も流れこんできた。

その結論に達するまでAさんたちは長い時間、家に帰してもらえなかったそうだ。


この事故は新聞にも載っていたという。

「でも老人のことは一切書かれていませんでした。その老人は近くの村で行方不明になっていた方で、認知症で徘徊癖《はいかいへき》があったそうです。これが事故のニュースの裏話です」

Aさんたちは駐車場でBさんたちを止めようとしていたのを他の人に目撃されており、なんとか「飲酒運転ほう助」の罪は免れたそうだ。

「Aさんたちの車は相当ゆっくり走っていたみたいですね。Bさんたちの車はその真後ろを走っていた。なぜあのスピードでガードレールを突き破ることができたのか、不思議でならないそうです。それにBさんたちの車が海に落ちる寸前に一度だけ、大きく左右に揺れていたのを彼女が見ています。まるで慌てているみたいだったそうですよ」

男性にはもうひとつ疑問があった。

「私、Ｂとそのガールフレンドとはあまり面識はないんです。それでも気になって」

男性は車が引きあげられる現場に立ちあっていた。

縦に吊りあげられた車がゆっくりと着地して車内が見えたそうだ。

「変わり果てたふたりの姿も見えました。シートベルトをしていたんでしょうね、運転席と助手席で亡くなっていました。でも、その問題の老人はなぜか――」

後部座席に座っていましたよ。

おもてなし

Uさんという男性が都内に出張にきたときの話である。

本来は日帰りの予定だったが、思ったより時間がかかってしまった。取引先の相手の「急がず、泊まっていけばいいじゃないですか」という言葉と、翌日は休みということが後押しとなって、彼は宿を探すことにした。繁華街が近くにあるところだったので宿代は安くないと踏んでいたが（たまには贅沢もいいだろう）とホテルをまわった。

ところが、どのホテルも満室でなかなか宿が見つからない。途方に暮れそうになったころ、塀に囲まれた旧家のような建物に「旅館」という看板をみつけて門をくぐった。

門から玄関の入口までの道は距離があり、まわりの木々がライトアップされ日本庭園のようなつくりになっている。すこし高級感があったので（……ここも満室なんだろうな）と思ったが、ダメもとで聞くとひと部屋だけ空いているということだった。

やっとの思いでとれた宿の部屋に荷物を置き、彼は食事にでかけた。

Uさんは食事と酒を堪能し、宿に戻ってきたのは午前一時をすぎていた。

適当に選んだ居酒屋が、予想以上に美味しかったので機嫌もよかった。門をくぐって石畳をゆっくり歩いていると、ちょうど門と玄関の中間あたりに男性がふたり立っていた。彼らはUさんに気づいて、すこし驚いている様子だった。近づくとふたりとも日本人ではなく、背の高い白人であることがわかる。

(観光客かな。最近、多いって聞くもんな)

Uさんは仕事で海外にいくこともあり英語が得意だったので、彼らに話しかけた。

「こんばんは。どうしました？　なにかあったんですか？」

ふたりは顔を見合わせて「ああ、ぼくたちはここに泊まっているんだけど、なかに入れなくて」と困っているようすだった。

「入れない？」

Uさんは（なるほど、玄関に鍵がかかっているんだな）と思った。彼らは日本語が不得意で、どうやって「開けてくれ」といえばいいのかわからないのだ、と。

「わかりました。私が話して開けてもらってきますね」

ふたりをその場に残して、Uさんは歩きだした。

玄関につくと戸に手をかける。

すると戸は、カラカラと音を立て開いていった。

（なんだ、開いてるじゃないか）

Uさんは振りかえり「大丈夫です、開いてますよ」とふたりに声をかける。

彼らはおそるおそる近づいてきた。

Uさんの背中から、うかがうように玄関のなかを見ている。

「鍵は開いてましたよ。さっきは閉まっていたんですか？」

「いえ、さっきも開いていていました」

「え？　じゃあ、どうしてなかに入らなかったんですか？」

「さっきは……オンナがいたんです」

どういうことか詳しく聞く。

彼らは観光で日本にきて、この旅館を見て喜んだ。

まわりは近代的な建物ばかりなのに、ここは古風で雰囲気がある。初めてくる日本でこんな良いところに泊まれるなんて。

あちこちを観光したあと、Uさんと同じように食事をすませて宿に戻る。

玄関の戸を開けて入ろうとすると——女性がそこにいた。

女性は着物姿で、まるでふたりを出迎えているかのように正座をして頭をさげている。

きっとこの人は旅館の人で、このような風習が日本にあるのだ。そう思った。

しかし女性はうつむいたまま、まったく動かない。
どうしたらいいのかわからず、ふたりは立ちつくした。
すると女性がゆっくりと頭をあげて——顔を見せた。
目玉が真っ白だった。ふたりが驚く間もないまま、女性は口を開けて笑う。
すべての歯が、真っ黒だ。
ふたりはすぐにその場から逃げだし、旅館の外まで走っていった。
しばらくして戻ってきたが、怖くて玄関までいくことができない。
そのとき、Uさんが帰ってきたのだということだった。

通報

ある警察官から聞いた話である。


近年、一一〇番の通報の数は異常なのだという。

「気持ちの悪い男性が帰宅する小学生たちの後ろを歩いていた」

「公園で若い男がベンチに座って幼児を見ながら、なにかブツブツとつぶやいていた」

「中年の女性がスーパーで野菜をすごい形相で睨みつけていた」

「すれ違いざま、お年寄りに汚い言葉を投げかけられた気がする」

「アパートの窓から女性がＤＶ被害を受けている声が聞こえてくる」

これらの通報に警察官が駆けつけると八割方、なにもおきていないそうだ。

男性はただ歩いていただけだった。

若い男はイヤホンをつけてスマホで話していただけだった。

中年の女性は野菜の値踏みをしていただけだ。

お年寄りは咳まじりにひとり言をつぶやいただけだった。

アパートの女性は彼氏と布団のなかで裸になっていただけだ。
それでも警察官は通報があったら、いかなければならない。
ただ、ときどき妙な通報がいくつかあって、それは説明がつかないそうだ。

「電柱の上に老婆が立っており、通行人を見て笑っている」
「深夜の公園で子どもが砂場からぼこぼことでてきた」
「何十年ものあいだ、誰も住んでいない空き家から悲鳴が聞こえる」
「ドブ川に顔をつけて舌をだし、水を舐めるように呑んでいるおんながいる」
「死にたくなかった、ここからだしてくれ、という通報の番号通知がない」

何件もこんなのがきたら怖くなりますよね、と警察官は青ざめた顔で話していた。

不気味の谷

Ｉさんという男性が数年前に体験した話である。

彼の母親が亡くなって数年、実家である戸建ての家にひとりで暮らすのも慣れてきた。

ある夜、仕事から帰ってくると玄関の前に人影があった。時間はすでに午後十時をすぎていたので（こんな時間に誰だろう？）と不思議に思ったそうだ。Ｉさんに「なにかウチに御用でしょうか？」と声をかけられ、驚いたその人が振りかえる。街灯の光に照らされたのは隣に住む中年女性であった。

「Ｃさんでしたか。こんばんは」

「こんばんは……す、すみません、その、いま帰りなんですか？」

Ｉさんはうなずきながら「はい、そうですが……なにかありましたか？」と尋ねる。

「い、いいえ、それなら、いいんです、ごめんなさい」

彼女はそそくさと隣に戻っていった。

Ｉさんは首を傾げて玄関ドアに鍵を差し込むと家の中に入った。背広を脱いでＹシャツを洗濯機に放り込みながら、彼女の挙動がおかしかったことを考えだしていた。

Cさんは I さんよりも三、四歳ほど年が離れている女性である。以前、彼女は父親とふたりで暮らしていた。だが、その父親も一年ほど前にガンで入院して、あっけなく亡くなってしまう。Iさんも母親と暮らし、急に亡くしていたので「なにかあったらお互い助け合いましょう」とCさんに声をかけていた。遺産で生活をまかなっていたのか、週に何度かパートにいっているだけで、ほとんど家ですごしているようだった。

彼女がいったいなんの用だったのかと考えながら、Iさんは夕食の準備をはじめた。

数日後、週末の夜にIさんがパソコンにむかって作業をしていた。

煙草が切れたのでコンビニへ買いにいこうと、上着を羽織って玄関の扉を開ける。

すると、扉がなにかにぶつかったのと同時に「痛っ」という声。見ればCさんが右のこめかみに手を当て立っている。Iさんは反射的に「あ、すみません!」と言ったが、すぐに状況を読んだ。扉を開けて顔に当たるということは、いまCさんは扉に顔を近づけていたということだ。右のこめかみを手で押さえているところを見て、浮かんだイメージもあった。

(うちの家の扉に、耳をつけていたのか?)

Cさんが「こちらこそ、すみません」と逃げようとした。

　先日のことといい、なにかあると思ったIさんは「Cさん、どうしたんです？　なんでも相談してくださいって言ったじゃないですか」と彼女を引きとめた。Cさんは申し訳なさそうに「あの、ちょっとウチにきてもらえますか？」とIさんを家に入れた。

　お互いの親が健在のときに、何度かあがったことのある居間だった。

　変わってないなと思っていると、Cさんがお茶を淹れて戻ってきた。

「こんな夜分遅くにすみません。ちょっと話したいことがありまして……」

「いえ、ぼくは大丈夫ですが、いったいどうされたんです」

「あの、失礼ですが、いまIさんはおひとりで暮らしているんですか？」

「はい、ひとりです。誰もいませんが……」

「あのですね、実は……声が聞こえるんです。昼間と夜、誰かがいるんですよ」

「え？」

　突拍子もない話にIさんは面食らった。

「ぼくの家ではないんじゃないですか。外とか、他の家とか……」

「いえ、Iさんのお宅からです。何度も確かめたんで間違いないです」

「声ってどんな声ですか？」

「低い男性の声です。それは多分、その……言いにくいのですが……多分」

ウチの亡くなった父親なんです、とCさんはうつむいた。

Iさんは口を開けて彼女を見た。亡くなった父親の声が自分の家から聞こえると言われて、すぐにかえす言葉が見つからなかったのだ。

「あの……お父さんですか？」

「はい。それと、その……Iさんのお母さんも一緒にいるみたいなんです」

「ぼくの亡くなった……母ですか」

はい、とCさんはうなずき、また顔をうつむけた。

「あと、知らない人もいます……本当なんです、信じてください」

もともとCさんは大人しい性格で、内向的なところがあったのをIさんは知っていた。

彼女がウソをついてこんなことを話すとは思えないし、冗談にしては内容が異様だ。けれど声が聞こえたというならば、玄関の扉に耳を近づけていたというのもわかる。Iさんは彼女の精神状態が不安定になっていると考えはじめた。

（きっと、父親の死からまだ立ち直ってないんだろう）

Iさんはあいづちを打ちながら、否定せずに矛盾や間違いをやんわり指摘していき、自分は一度も声を聞いたことがないと伝えて「ぼくの家じゃないかもしれませんよ」と別の可能性があることを指示しながら、精神が参っていることに気づかせたかったのだ。

ところがCさんは「いいえ、絶対にそちらのお宅なんです」とゆずらない。

父親とIさんの母親、見知らぬ男性の三人がいる――そう言い続けた。

「話っていうのは……ウチの母親はどんなことを話しているんですか？」

「いいえ、わかりません。私の父の声しか聞こえませんから」

「なら、もうひとりはどんな声なんです？」

「もうひとりもわかりません、男性ということはわかるんですが……」

「つまり、ぼくの家からCさんのお父さんの声はする。母親ともうひとりの男性の声は聞こえない。でも三人は間違いなく、ぼくの家にいる。そういうことでしょうか」

「はい、そうなんです」

「お父さんはともかく、ふたりは声が聞こえないのに、なぜ『いる』とわかるんですか」

Cさんが唇をかむような顔をしたので、やはり精神的な問題だとIさんは思った。

「多分ですが疲れているんですよ。ぼくも母が死んだとき、しばらくは疲れが……」

「すみません、見たんです」

「え？」

「この居間の、そこの窓からIさんの家の仏間がみえるんです。そこに……」

いまも三人がいるんです、とカーテンのかかった窓を指さした。

Iさんはしばらくカーテンを見つめて立ちあがった。

自分の鼓動がはやくなるのを感じながら窓に近づいていく。Cさんのいう通り、自宅の仏間にある窓はこの窓の正面にある。話の内容が内容だけに気味が悪かったが、仏間を見せて誰もいないことを証明する必要があった。

彼女も立ちあがり窓際に歩いてきた。

IさんはCさんの顔を見て、手を伸ばしカーテンを開けた。

暗い仏間に、Cさんの居間の照明が射しこむ。

着物だろうか、正座している男性の背中があった。その横に――なにかを夢中で話しているCさんの父親がいた。口を大きく動かして話しているが声はまったく聞こえない。

そして、そのむかいに、角度的にわかりにくいが、Iさんの母親らしき女性の横顔がみえる。仏壇の前でCさんの父親がIさんの母親に話をしており、ふたりを着物の男性がじっと見ている構図だった。

「あッ！」

驚きのあまり声をあげたが、Cさんの父親はIさんの母親に夢中で話を続けていた。

ところがIさんの声が聞こえたのか、着物の男性が首をまわしはじめた。

ゆっくりとIさんたちがいる窓に顔をむける。

男性は人間の顔だったが、仮面のような、下手な人形のような、作り物の顔だった。

それを見たIさんは慌ててカーテンを閉めた。

「ね！　いたでしょ、いたでしょ！　いるんですう、いるんですよおお！」

興奮気味に声をだしてCさんはその場にしゃがみこみ、うなり声をだした。

それは笑っているとも泣いているともとれない声だったそうだ。


Iさんは近くの神社に相談にいき、神主にお祓いをしてもらった。

儀式が終わると、立ちあったCさんはなぜか、

「私の父とあなたの母は、もしかしたら関係を持っていたのかもしれませんね」

そうつぶやいていた。

彼女の言う通り密かにふたりが関係を持っていて、なにか思うところがあり、亡くなってからも一緒に現れたとしても――あの妙な顔の男は何者だったのだろうか。

考えたがIさんには見当もつかないことだった。

数カ月後、Cさんは家を売り払って郊外で生活をはじめた。

その出来事が理由ではないがIさんもマンションに引っ越して、家は賃貸物件にしてい

るそうだ。

いま現在まで、入居している人たちから苦情がきたことはない、ということだ。

停電

午後八時ごろにY也さんの携帯が鳴ったので、出てみると母親からだった。

「いま停電になったんだけど、あんたのところは大丈夫かい？」

いつもより優しい声だったそうだ。

だが、両親が住んでいる家とY也さんが住んでいるマンションはずいぶん離れている。そっちが停電になったからといって、こちらも同じようになるはずがない。

「こっちはなってない、大丈夫だよ」

「そうかい、そうかい。じゃあ、すぐに消えそうね」

バチンッと音を立て、部屋が真っ暗になった。

うおッと声をあげて、Y也さんは「どういうこと？　どういうこと？」と尋ねる。しかし、母親は答えず「ふふ、ふふふッ」と笑っていた。混乱しつつも「もしもし」と何度も呼びかけた。なんの悪戯かと思ったが、笑い声を聞いているうちにだんだんそれが母親ではないように思えてきた。

「もしもし……オマエ、誰だよ」

「むうしみたいに、そっちへいくからねえ」

そういって声の主は、甲高い笑い声をあげると電話を切った。

電気盤のブレーカーをあげると灯りは戻り、Y也さんはすぐ母親に電話をかけた。

「なに言ってるのよ、電話なんかしてないわよ」

「でも着信履歴に残ってるんだよ。誰かがかけたんじゃないの？」

「かけてません。いまテレビがいいところだから切るわよ」


こんなことが一度だけあったそうだ。

友人に話して「むうしみたいにって、どういう意味だろ」と聞いたところ、

「なんだろ。むうしって。虫かな？　芋虫？」

いつか、もぞもぞとくるかもな、と冗談を言われ、怖くなったという話である。

殺すから

M子さんがまだ十代だったころに体験した話である。

彼女の両親は離婚しており、M子さんはずっと父親と暮らしてきた。

別に父親と一緒の生活が嫌だったわけではないが、春から大学に通うことになった彼女は、それを機会にひとり暮らしがしたかった。ときどき連絡をとっていた母親は賛成していたが父親は反対した。長いあいだ父子家庭だったこともあったのか「まだはやい。なにかあったらどうするんだ」の一点張りだった。

M子さんは説得を続けて承諾を得て、やっと物件探しがはじまった。

父親はできるだけ学校から近く治安の良いところを望んだが、M子さんは見かけがオシャレできれいな新築マンションの部屋を求めた。意見の相違のせいで物件はなかなか決まらなかった。

ある日、ようやく双方が良しとする部屋が見つかる。そこは住宅街で学校からも近く、父親としては申し分なかった。少し古いマンションだったので外観を見たM子さんは（ここもダメね）と思ったが、なかに入ると印象が違った。

「お父さん！　私、この部屋、気入った！」

「ここなら父さんも安心できるよ。ここに決めようか」

やっと意見があったので、すぐに契約することになった。

家具や電化製品を選び、ひとり暮らしの準備をはじめた。


M子さんが新たな生活をスタートさせて数カ月が経った。

週末の深夜、午後十一時すぎにインターホンが鳴る。バイトから帰ったばかりのM子さんが応答すると父親だった。久しぶりに逢えるのは嬉しかったが、こんな時間になんの用だろうと不思議に思いながら玄関を開けた。

マンションの前に停めた車から走ってきたのか、息を切らせている。

「お父さん、どうしたの？　こんな時間に」

「はあ、はあ、はあ。お前、だ、大丈夫か？」

「大丈夫って、なにが大丈夫なの？」

「間にあったのか？　それとも、もう母さん、きちゃったのか？」

「なに？　お母さんがくるの？」

「お前、言ってたじゃないか。母さんくるって！」

父親は部屋のなかを覗きながら、意味のわからないことを言っている。

とにかくM子さんは、汗だくになっている父親を部屋に招き入れた。

父親は部屋をくまなく見回ってから、ようやく話をはじめた。


M子さんが引っ越しをすませ入学式も終えて一週間ほど経ったとき。

父親は設置させた娘の部屋の固定電話を鳴らした。

明るく対応する娘に少し安心したが、色々なことが心配だった。

食事はちゃんとしてるのか。学校はどうか。夜遊びはしていないか。

M子さんは「大丈夫だよ、お父さんこそちゃんと食べてるの？」と笑っていた。

その電話をきっかけに毎週ではないが、父親は週末になると電話をするようになった。

あるとき、M子さんが「実は、お母さんに小言をいわれて……」と愚痴をこぼした。部屋にきた母親に生活態度を注意されたらしい。

「母さんだってお前のために言ってくれてるんだから」

父親は落ちこむ彼女を慰めた。

それ以来、電話をかけるたびにM子さんは母親の文句を言うようになっていった。

「女の子なのに、どうしてこんなこともできないの」

「そんなんじゃお嫁にいけないわよ、しっかりやりなさい」

「ちゃらちゃら遊んでいるばかりじゃダメ。あなたは本当にグズね」

「今度、料理を食べてあげるから目の前でつくりなさい。どうせムリでしょうけど」

母親から投げかけられる言葉に傷ついたM子さんは、泣きながら父親に話すこともあった。父親も（ひとり暮らしをはじめたからってそんないい方をしなくても）と思った。

そしてその夜のM子さんは「もうお母さんを許せない！」とすごい剣幕だった。

「いまから部屋にくるみたいだから私、お母さんを殺すから！」

「おいおい。お前、なに冗談言ってるんだ」

「冗談なんかじゃないよ！　いまからお母さんの顔に包丁を刺して殺すから！」

声に狂気を感じた父親は青ざめて「いまからオレがそっちにいくから、絶対になにもするな」と言ったが「きてもいいけど、お母さんが先にきたら殺すから！」と引かない。

父親は慌てて車に飛び乗り、猛スピードでM子さんの部屋にきた、という話だった。


「……なにそれ。私、ここにきてから一度もお母さんに逢ってないよ」

「なに言ってるんだ、お前が言ってたんだぞ。ついさっきのことだよ」

「私、お父さんと今日、電話で話してないよ。いまバイトから帰ってきたし」

「はあ？　なんでそんなこと言うんだ、ウソつくなよ！」

「ホントだよ。それに私……」

ここにきてから一度もお父さんから電話受けたことないよ。

顔を刺す

娘がウソをついていないとわかった父親は混乱した。

彼女は週末にバイトを入れており、帰るのは必ず午後十一時をすぎる。彼女はバイト先のシフト表を持っており、それを見せてもらったので間違いない。

父親が電話をしていたのはいつも午後九時すぎくらいだった。

――ということは、いままで自分は誰と話していたのか。

間違い電話で他人と話していたにせよ気づかないのもおかしいし、奇妙なことが多すぎる。念のため、元妻であるM子さんの母親に電話をかけたが最近はまったく逢っていないということだった。

(オレは頭が変になってしまったのか?)

自分を疑いながらも記憶を辿ったが、話していたのは間違いなく娘のように思える。

家に帰ってからも考えがまとまらなかったそうだ。

その翌日、夜になって父親は娘のシフト表を思いだした。

確か今日もバイトにいっているはずである。

もしや、いま電話をかけたら……そう思って受話器をとり、部屋の電話番号を押す。

ベルが一度二度、三度四度鳴った。

（やっぱり留守だな）

そう思ったときガチャリと電話がとられた。

「も……もしもし」

「もしもし、お父さん？　私、もうお母さん許せない！」

M子さんが電話にでて話しだした。

「私、お母さんの顔に包丁刺して殺すから！」

声は娘そのものだが、リズムも発音も昨夜とまったく同じことを言っている。

それがかえって父親を不気味に思わせ（こいつ……M子じゃない）と感じさせた。

父親が黙って聞いていると、ひと通り言い終えたのか電話の相手も声をださなくなる。

お互いになにもしゃべらない時間が続く。

むこうの息づかいが聞こえるので、受話器を持っているのは確かなようだった。

「おい、お前……いったい誰なんだ？」

父親がそう尋ねたとき一瞬、相手の息が止まるのがわかった。

そしてその直後、電話は切れた。

すぐに父親は車に乗って再び、娘の部屋にむかった。

到着すると、バイトから帰ってきたばかりのM子さんがいた。

「さっきも電話にでたぞ。この部屋、やっぱり誰かいる。いますぐ実家に戻るぞ！」


結局、その部屋は引き払うことになった。

思えば最初に部屋を決めるとき、父親は変だと思っていたそうだ。ずっと新しいマンションばかりにこだわっていたのに、娘がなぜこの部屋を気に入ったのか理由が見当たらなかったからだ。その点はM子さん自身も不思議に感じていた。なぜ自分はこの部屋を見た瞬間、ここに住みたいと思ったのだろう、と。

引っ越し業者がすべての家具や荷物をトラックに乗せ終わった。

父親とM子さんは戸締りをして車に乗りこんだ。

「でもね……私、ときどき変な部屋だなって思ってたの」

M子さんが助手席で言いだし、父親は「そうなのか」とシートベルトを締める。

「なんか、見られているって感じっていうか、誰かの気配みたいなのはあったから」

いったいあの部屋はなんだったのか。最後に父親は車から部屋の窓を見上げた。

さっき戸締りをした部屋の窓際に、見知らぬ中年女性がいる。
女性は片手で顔半分を押さえて、虚ろな様子で外を眺めていたそうだ。

肝試し

Nさんという男性から最近聞いた話である。

夏、友人たちと一緒に北陸にある廃墟で肝試しをすることになった。

数えてみると男女あわせてちょうど偶数になったので、ペアを組んでひと組ずつ建物に入っていくことになった。ひと組が戻ってくると、次のひと組がなかに入る。

順番がまわってきて、Nさんも女の子と組み、なかに入っていった。

あちこちが崩れかけている危ない建物だったので、おそるおそる歩みを進めていく。

怖がりつつも、ある部屋に懐中電灯をむけるとダンボールがあった。

「なんか箱があるで。見てみようや」

怖々《こわごわ》と部屋に入りダンボールを開けると実話怪談の本が何冊も、まるで投げこんだように入っていた。目についた表紙が女性の顔だったので「わ！」と驚き躰を震わせた。

外に戻ると次のペアが建物に入っていく。よほど驚いたのか、Nさんは「ダンボールあるから、開けて中を見て！　びっくりするから」と興奮気味に皆に話していた。

「ダンボール？　めっちゃ怖いやん。中になにが入ってるん？」

「それは見てのお楽しみや。絶対見てや。めっちゃ怖いで」

そんなことを話していると「あれ？　次は誰？」とひとりがいいだした。

「次、オマエらや。いま入ってる奴ら出てきたらな。ええか、ダンボールは絶対……」

「いや、そうやなくて。いま入ってったの誰と誰？　いま全員おるで」

Nさんも含め、その全員が、誰かが建物に入っていくのを見ていた。

ダンボール開けたから変なのが寄ってきたんや、とNさんは皆に責められたそうだ。

リサイクル

Wさんという男性が体験した話である。

彼は海外にあるいくつかの雑貨店に、日本の古美術品などを卸《おろ》す仕事をしている。ツボや絵画、巻物などといった古い物から、昭和の時代に流行《はや》った玩具やむかしの邦画ポスターまでと幅広く様々な商品を扱っている。店のお客はいわゆる「日本マニア」のような人が多いので、こっちでは価値がない物でも高価格で買いとってくれるそうだ。

あるとき、Wさんのもとに友人から連絡がきた。

「また倉庫を見にきてくれよ、売れるのがあったら持っていっていいし」

友人はリサイクルショップを経営しており、大きな倉庫を持っている。

夜逃げや倒産などの事情で荷物を片付ける仕事も引き受けており、ときどきこのようにWさんに連絡がくるのだ。Wさんは倉庫を物色しにいき海外で売れそうな物をもらって帰る。それが高値で売れた場合は、友人に分け前を渡すといったシステムだった。

大きい荷物があったときのため、Wさんはワゴン車でむかった。

国道沿いに建つリサイクルショップ店の真横に倉庫がある。車をシャッターの前につけると、すぐに店から友人が現れて「うす。いつも悪いな」と声をかけてきた。

「開けといたから好きに見てくれ。もう店じまいするからメシでもいこうぜ」

あたりはすっかり暗くなっており、時計を見るともう八時前になっていた。

シャッターの横にあるドアから倉庫に入り、壁にあるスイッチをすべて押す。蛍光灯が音を立て点いていき、たくさんの家具や電化製品がWさんの目に飛びこんできた。

(大きいものから……そういえば屏風《びょうぶ》を欲しがっている店もあったな)

まずは倉庫内をぐるっとまわったが、目ぼしいものは見当たらなかった。

次に小物を探そうとゆっくり見ていく。家具の足元にボックスコンテナがいくつも並べられており、和柄や漢字が書かれたものなどを発見しては手にとっていく。

「この食器と皿もいけるな。お……高そうな扇子があるじゃないか」

ぶつぶつとひとり言をつぶやきながら、Wさんが物色を続けていると、

「コンバンハ、ワタシト遊ボーヨー」

倉庫の奥から、声が聞こえてきた。

すぐに玩具か人形のものとわかる機械音が混じったような声だった。

Wさんは一瞬だけ目をやったが、すぐに商品に顔を戻した。壊れた人形が勝手に鳴るこ

となど、それほど珍しいことでもなんでもないからだ。おそらく奥にあるコンテナのひとつに、その玩具が入っているのだろう。

(あとでスイッチを切ってやろう……切っても鳴るかもしれんが)

そんなことを思いながら気にせずに物色を続けた。

思ったよりも売れそうな小物が多そうなので、空いているダンボールを借りて商品を詰めこんでいく。いっぱいになるといったん倉庫から車まで運んでいった。

倉庫に戻ってくると、再びコンテナを漁っていった。コンテナのひとつから古い日本人形がでてきた。しかし、ぼろぼろすぎて補修が必要のようだった。さっき鳴ったのはこれかと、背中や足を調べたがスイッチはなく手作りの人形だとわかったとき、

「コンバンハ。遊ボーヨー」

また奥から声が聞こえてきた。

Wさんはまったく気にせず、日本人形を戻して次をチェックしていく。

商品を車に運びまた戻ってくるという作業を何度か繰りかえして、倉庫内を一周しかけたとき友人がなかに入ってきた。

「おう、どうだ？　なにかいいのあったか？」

「うん、小物ばかりだけどイケそうなのはあったよ。ところで、屏風とかないよな」

「屏風はないけど、着物をかざる……なんていうんだ？　ハンガーっての？」

「衣紋《えもん》掛けか。あるのか？」

「うん。いま店にあるよ。売れないから持っていってくれよ」

Wさんはすぐに友人と倉庫をでて、片付けが終わった店に入っていく。

「これだよ。デカいから邪魔だし、誰も興味なさそうなんだよなあ」

「ああ、これはイケる。いいやつだ。持っていくよ」

衣紋掛けを車に運びこむと、ワゴン車の荷台はいっぱいになった。

「今日はこれぐらいで充分だろ。もうメシにいこうぜ」

「そうだな。思ったより結構たくさんあった。儲かったら分け前を渡すよ」

友人とワゴン車に乗りこみ、自宅に車を停めてから食事にでかけた。


Wさんと友人は居酒屋で酒を呑んでいた。

友人は何日か前から一軒家の片づけにいき、今日やっと終わったという話をしていた。

「ひとり暮らしの婆さんだったみたいでさ。家族に放置されて孤独死したらしいよ」

最近そういうの多いよなあ、と友人はグラスを干す。

「世知辛《せちがら》いよな。でも仕事が入って良かったじゃねえか」

「山ほど引きとってもほとんどはダメだよ。玩具とか日本じゃ売れねえし」

玩具と聞いてWさんは倉庫の声を思いだした。

「そういえば変な人形もあったな。思い出に持っていても修理まではしないだろうし」

「ああ、人形だろ。なんか呪いの人形って感じのやつがあったな」

「いや、そうじゃなくて『遊ボーヨー』みたいな音声がでるやつ。壊れてただろ」

すると友人はぎょっとして「お前、見たのか？」と聞いてきた。

「え？　音声？　日本人形？　どっち？」

「日本人形は今日仕入れたやつだから知ってる。声のでる人形だよ」

「ああ、見て……あれ？　そういえば、見てはないな」

Wさんは倉庫内の物色を続けて、ほとんど一周していた。

日本人形は見たが、声のでる人形を見ていないことに気がついたのだ。

「どっかに埋まってるんだよ。家具のあいだとかにさ」

「そうじゃないんだよ。先日バイトが変なことというんだよ。その声のこと」

友人がいうには数日前、学生のバイトが倉庫で荷物を片づけていた。

すると倉庫の奥から、Wさんが聞いた声が聞こえてきたそうだ。

そのバイトもWさんと同じように（どこかで壊れた人形が鳴っている）と思った。

作業を続けていると、だんだん声の回数が増えてきた。

ここにあるものはたいてい電池が切れかけているような物ばかりだ、こんなにハッキリ聞こえるのはおかしい、と怖くなってきた。

突然、足音が倉庫内にこだまし、バイトは音の聞こえた入口付近に目をやった。誰もいないが、なにかの気配がする。青ざめていると前にあった家具の真上あたりから、

「きゃっきゃっきゃっきゃ！」

あの音声の、笑い声が聞こえてきたという。

「それでバイトくん辞めちゃったよ。怖い怖いって震えてさ」

「……気味悪いな。そんな人形、さっさと捨てちまえばいいだろ」

「オレもそう思ったんだよ。ところがどこにあるか本当にわからないんだよ」

「だから、どっかのあいだに挟まってるとかさ、探せばいいじゃん」

「探したよ。でもみつからないし、そもそも、そんな人形に心当たりないんだ」

だれもその人形を見てないんだ、と友人はため息を吐いた。

「でも他にも変な人形は仕入れたことあるぜ。気にしてたら仕事になんないからな」

Wさんは別の話題に変えて、その夜はふたりで楽しく呑んだ。

翌日、Wさんはワゴン車に載せた荷物を事務所に届けた。

社員たちに荷物を運び、海外に送る準備をするように指示して任せる。しばらくするとひとりの社員が「すみません、社長。あのぼろぼろの人形も……商品なんですか」と尋ねてきた。

昨日コンテナに戻したはずの日本人形が、なぜかワゴン車に乗っていた。

もしもし

Eさんが自室でくつろいでいると部屋の戸がノックされた。

戸が開いて「おい、おきてるか？」と顔をだしたのはEさんの兄であった。

「おきてるよ。どしたの？」

「お前、ちょっとついてきてくれない？　Y実のところにいくんだけど」

Y実というのは兄の恋人で、最近彼女はふた駅ほど離れたところに部屋を借りた。

「え、なんで？　なにかあったの？」

「うん、ちょっと。たまにはいいじゃん。ヒマだろ。ファミレスおごるからさ」

特にやることもなかったEさんは、兄と一緒に車に乗りこんだ。

「なに？　なにか荷物でも運ぶの？」

「ううん、そうじゃなくて……あいつ、このあいだから少し変なんだよ」

そういって運転しながら兄はこんなことを話した。

先日、数人でとある地方まで肝試しにいったという。

いまは廃墟になっている病院で、かなり不気味な場所だった。Y実さんも一緒にみんなで、きゃあきゃあと叫びながら「怖さ」を楽しんだらしい。

その夜は何事もなく帰ったが、翌日からY実さんが電話で妙なことを言いだした。

「ワタシ、なにか連れて帰っちゃったかも」

兄が「なにかって、なんだ？」と尋ねるとY実さんは「……多分、子ども」と答えた。

肝試しから帰って部屋に戻り風呂に入って就寝する準備をしていると、男の子の声がした。間違いなく自分がいるこの部屋のどこかからだ。なんと言っているかはまったく聞きとれなかったが、ぼそぼそと話しかけるような声だったそうだ。

「みんなで一緒にいったのに、なんでお前にだけついてくるんだ？　気のせいだよ」

「うん、そうなんだけど、コレ見てよ」

そういって彼女が指さす窓に、小さな手形がぺったりとついていた。

「こんなの昨日まで絶対になかった。なんか病院から、連れてきちゃったんだよ」

翌日も、その翌日も変なことがあったと、兄はY実さんから電話で聞いた。

「部屋に子どもがいるの！　すぐにきて！」とつい先ほど電話があった。

兄は怖かったのでEさんを誘い、いまむかっているということだった。

「……マジで？　オレも嫌だよ、いきたくないよ」

「大丈夫だ、怖がるな。これもってきたから」

兄はポケットから家の台所にあった塩の瓶をとりだした。

「そんなの効くの？　それ調味料が入った塩だよ」

「同じだよ。塩は塩なんだから。大丈夫だ。お、もうすぐつくな……」

電話してみる、といって携帯をとりだし呼び出しボタンを押した。

「あ、もしもし、Y実？　オレだけど……おわッ！」

小さな悲鳴をあげると携帯をEさんのほうに投げて、車を急停車させた。

「うお！　なんだよ、危ないな！　どうしたんだよ」

「……電話、まだつながってるか？」

Eさんは画面を見て「切れてるよ」と答える。

「いま電話から子どもの声が『もしもしぃ』って……」


そのあと、ふたりでおそるおそるY実さんの部屋に入った。

なにかあったのか、彼女はトイレに閉じこもり鍵をかけていた。

「子どもがいたの！　部屋のなかをぐるぐる走りまわってた！　怖かった！」

ずいぶん混乱した様子だったので兄は家に連れて帰ることにした。

Eさんが部屋を見渡すと、ベッドの隅に携帯が落ちているのが見えた。

「さっき電話でました？」

「電話？　ううん、ずっとトイレに隠れていたから……はやく逃げよ！」

Eさんたちは持ってきた塩のことなど忘れ、すぐに実家に逃げ帰った。

事情を母親に話すと兄とY実さんは「変な遊びするからでしょ！」と怒られていた。

次の日、母親が近所の住職に事情を説明してお祓いが行われた。

それ以降、Y実さんに変わったことはおきていない、という話である。

可愛らしい

U子さんが大学生のころの話である。

ある冬、サークルの先輩とふたりでM行さんの部屋にいった。

M行さんは学校の近くに住んでいる。ゼミで使うソフトを持っているというので、それを借してもらうためだった。てっきり彼はワンルームに住んでいると思っていた。ところが予想よりも広く綺麗で、学生が住むには贅沢な部屋だと思ったそうだ。

「M行くんの部屋、なんかいいにおいがするね」

「ん？　ああ、オレお香とか好きだから、よく焚いたりするんだよね」

リラックスできるよ、とM行さんは笑った。

棚の上に、子猫を撮った写真立てが飾られているのをU子さんはみつけて、

「うわあ、可愛い！　もしかしてネコ飼ってるの？」

「うん、いまは実家にいるけどね。また今度さ、ネコがいるときに遊びきてよ」

ソフトを受けとると、U子さんと先輩はM行さんの部屋を後にした。

「ネコって可愛いですよねえ。本当に遊びにいこうかな」

「……止めておいたほうがいいよ。アイツ絶対、歪んでるから」

歪んでると聞いて意味がわからなかったU子さんは、どういうことか先輩に尋ねた。

「アイツ、ネコ殺してるよ。だっていたもん。あの写真のネコ」

目玉が垂れさがった猫が棚から片目でM行さんを睨みつけていた、と言うのだ。

「え……ネコなんていませんでしたよ」

「いたよ。他にも焼き焦げたネコとか、血まみれのネコとか部屋のあちこちにいた」

その証拠に自分の服、嗅いでみなよ、と先輩はつぶやいた。

着ているセーターを嗅ぐと、腐臭と獣のニオイが沁みついていた。

それからU子さんはM行さんと疎遠になった。

しばらくして彼は学校にこなくなったが、その理由は誰も知らないということだ。

貧しい人

当時、専門学校生だったDさんは地元の街にあるスーパーでバイトをしていた。

あるとき、店長が万引きをしていた小学生の少年をとり押さえる。彼はシャツの襟《えり》を掴まれて、乱暴に事務所へ引きずられた。パイプ椅子に座らされ、自分がこれからどうなるのかわからずガタガタと震えていた。盗もうとしたのはビニールにはいった総菜のコロッケがふたつとパックのご飯だ。Dさんは子どもが盗む物にしては変だと思った。

店長は彼の名前と住所を聞きだすのにやっきになり、何度もゲンコツを繰りかえした。

少年は黙って痛みに耐え、ただ震えていた。

そのうちに連絡を受けた警察官がやってきて少年は連れていかれることになった。

助けを求めるような視線をDさんに送ったが、彼にはどうすることもできなかった。

二日ほど休みだったDさんは「万引きの子、どうなったんですか」と店長に尋ねた。

「ああ、警察から連絡があったよ。あれから親が交番にきて大変だったってさ」

少年は何時間も黙り、深夜になってやっと名前と住所を白状したという。

「昨日、ガキとその母親がきてさ。なんだか厭な思いをしたよ」

どれだけ殴られたのか、顔を風船のように腫らした少年は母親に土下座させられた。頭を床に押しつけられて少年は涙を流していた。店長は「泣くぐらいなら盗みなんかするなって思ったね。まあ、あの母親も母親だけどな」と文句を続けた。少年の母親は何度も腕時計をみながらため息を吐いていたそうだ。

「ガキはボロの服で、自分は高そうなネックレスしてやんの。ったく、なんなんだか」

母親は盗んだ商品の金を置いて、ふたりで帰っていったということだった。

話を聞いたDさんは少年のことが気の毒になり胸が痛んだ。盗んだものや母親の様子から察して、空腹のせいで万引きをしようとしたとしか思えなかったからである。

それから十五年以上の月日が経って、Dさんは会社員になっていた。

ある夏、お盆休みを利用して地元に戻る。つきあっている彼女が妊娠したことを両親に伝えるのが目的だった。来年は結婚しているはずだから、ひとりで帰るのはこれが最後かもしれないなどと思っていたそうだ。

久しぶりの地元はあちこちが変わっていた。空き地だったところはビルが建ち、味が好きでよく通っていた弁当屋は一軒家になっている。

街並みを楽しみながら歩いていると、むかし働いていたスーパーを思いだし、いってみることにした。ところがスーパーは大型のディスカウントショップに変わっており、その横にはカラフルな遊具のある、小さな公園、さらにそのむかいには大きなマンションが建っていた。

(ずいぶん変わったな）としばらく眺めてから実家にむかった。

実家に到着して、すぐに結婚のこと、妊娠のことを報告する。両親は「相手の親御さんは大丈夫なのか?」と心配した。もう話をしたこと、むこうは喜んでくれていることを伝えると安心したようだった。そのあと父親は有頂天になり「孫ができる」と近所の者まで呼んで宴会をはじめた。母親も忙しそうに料理を作りながら、ずっと笑顔だった。

深夜をすぎて、酔い覚ましにDさんは散歩をすることにした。

(親父があんなに、はしゃぐなんて意外だったな)

自販機で珈琲を買って口にしながら歩いていると、カラフルな遊具のある小さな公園の前にきた。

確か座るところがあったよな、と公園に入るとベンチにキャミソールの女性が座っていた。まだ二十歳になっていないようにも見えたが、片手には缶チューハイがある。

女性は彼をみつけると酔っているのか、にこやかに笑みを浮かべた。友好的な雰囲気だったので「こんばんは」とDさんは声をかけてベンチに座った。

「気にしないで。ちょっと風、あたりにきただけだから」

「いえいえ、公園はみんなのものですからどうぞ」

優しそうな声でそう言うと、女性は缶チューハイをごくりと呑んだ。

「公園で呑みですか。いいですねえ」

「この公園のこと気に入ってて。ときどき呑むんです。お近くのかたですか？」

「ええ。いや、住んでいるのはずいぶん遠くなんですけど、実家が近くなんです」

「里帰り？　お盆ですものね」

「はい。実はぼく、もうすぐ結婚するんで、それを両親に報告にきたんですよ」

酔っていたこともあり、Dさんはその見知らぬ女性に自分のことを話し続けた。

女性は厭な顔もせず、まるで酒のアテにするかのように耳を傾けていた。

「ごめんなさいね、ぺらぺらと自分のことばかり」

「とんでもない。幸せになるんですから、いいことじゃないですか」

Dさんが「あなたはこの近くなんですか？」と尋ねると女性は身の上話をはじめた。

中学になる前に施設に送られ、そこで育ったこと。その前は母親と暮らしていたこと。

父親には逢ったことがないこと。母親がいい加減な性格だったこと。育児を放棄されてアパートにいたこと。毎日、借金取りが家にきて、怖くて押入れに隠れていたこと。お腹が空いて堪《たま》らず泣きだしたこと。みかねた兄が近所の人たちから食料をもらってきたこと。そのうち誰も食料をくれなくなったこと。ある夜、ひとりで兄が帰ってくるのを待っていると、母親と一緒に帰ってきたこと。鍵を閉めた途端に、殺されると思うほど母親に兄が殴られたこと。ビニールに入ったコロッケを母親に投げつけられたこと。

「そこにスーパーがあったんです。そこで兄が盗んだと母は言ってました。多分、コロッケが好きな私のためにやったんでしょう。警察まで呼ばれて。怖かったでしょうに」

女性は横に置いてあった袋から、白い紙に包まれたコロッケと缶チューハイをとりだしてタブを開けて「コロッケなんていまはコンビニですぐ買えるのにね」と笑った。

Dさんは息ができなくなっていた。この子はあの少年の妹だ――自分はその現場にいて、恐怖に震える兄をこの目で見ていることを言うべきかどうか、わからなかった。

「母はクスリをしてたみたい。ある夜、理由なくマンションから飛びおり死にました。私たちは貧しかった。でも母のこころは、もっともっと、哀しいほど貧しかったんです」

「あの、お兄さんは……なにをしているんですか？」

「わかりません。母が死んでから別々の施設に入れられて。逢ってないんです」

「そうですか……」

「でも多分その、こころが貧しい母。もうすぐここにきますよ」

女性の言葉が理解できず、Dさんは「はい？」と聞きかえしてしまった。

「母ですよ。さっきお話しした私の母です。自殺した母、ママッ、母ちゃんッ！　ここにくるんですよ！　このすぐ目の前のこのマンションの階段をあがって！　母は自殺したんです！　今日もきて、飛びおりてくれるんですよ！　ムスメ思いな母がッ！　それが楽しみなんですッ！　毎晩毎晩スペクタクルショーみたいに飛びおりて飛びおりて飛びおりて頭がばかーって割れるんですよ！　絶対あなたも笑うから！　キャハハッ！」

女性は腹を抱えて両足を浮かし、涎《よだれ》を垂らして大声で笑いだした。

逃げだそうとDさんは立ちあがったが、腰が抜けて転んでしまう。それを見た女性はまた大笑いした。そして「きたきたきたッ！　クソおんな！」と公園の入り口を指さす。

ゆらゆらと揺れながら黒い影が歩いていた。顔も服もまったく判別できない。シルエットで女性ということはわかった。動けずにいるDさんと大笑いを続ける女性の前を通って、そのままマンションのほうに進んでいく。

「今日も死ねッ！　明日も明後日もずっとずっと死ねばいいッ！　死ねッ！　死ねッ！」

女性は大粒の涙を流しながらも、けたけた笑い続けている。

その異様さに圧倒されながらもなんとか立ちあがり、Dさんは「うああッ！」と悲鳴をあげて逃げだした。笑い声はずいぶん離れるまであたりに響き渡っていたという。

「それから実家には戻ってないんです。あそこに妻と息子を連れていきたくなくて」

両親を呼んで一緒に住むことを考えているんです、とDさんは話した。

「思えば気の毒で仕方がない。女性もその身のまわりも狂っているようでした。なにをどうすれば、あの女性は不幸を避けることができたのかわかりません。ただ……こころまで貧しくなると、哀しいほどの狂気しか生まれない。それは間違いないと思います」

Dさんは息子に、日々の愛情を注ぐことを忘れないようにしているそうだ。

怪談先生

Sさんから聞かせてもらった話である。

彼が中学二年のとき、学校に新しい女性教諭が赴任してきた。T田という名前で、細い目の仏像のような顔をしていた。彼女は他の教諭と少し「違う」タイプであった。

T田教諭は優しく、いつもニコニコと微笑《ほほえ》んでおり、どの生徒に対してもわけ隔てなく接した。だが彼女はときどき、授業の合間に妙な話をした。

「夜、私がひとりで車を運転していると、後部座席から変な音がするの。なんの音だろうと思って何度も振りかえった。けど、わからない。どうもそれ、声みたいなの。ささやくみたいな低い、男の人の声。どうも私にむかって、なにかを言ってるみたいなの。それが『……あぶない』『……あぶない』って。確かに、なにかが後部座席に座っている、気配のようなものがあるのよね。『あぶない』って注意しているようだけど、なにか悪いモノのような気がして。怖かったからハザードをつけて、車を道の脇に停めたの。数珠を持っていたから、それを手にとってお経を唱えていたのね。そしたら、急にガシャッって車に衝撃があって。たいしたことないんだけど、後ろから他の車にぶつけられたの。シートベルトをしていたままで良かった。私は車から降りて、むこうは大丈夫か確かめようとすると、若いおんなの子を助手席に乗せた男性だった。その男性、保険に入っていなかったのかしら、私を見ると慌てて、すぐに車をバックさせ逃げていったの。私の車は、後ろに大きなへこみができていただけだから、いいんだけど。でも私は逃げることないのにと思って車に戻った。動くみたいだから安心して……とにかく警察署にいこうと運転して気づいたの。さっきまで車のなかにあった気配と声がない。なんとなくなんだけど多分、さっきまで後ろに座っていた「モノ」は、あの逃げた車に移動した気がするの。あの車がその後どうなったか知らないけど、皆さんも失敗したり、悪いことをしてしまったりしたときは正直に謝るように。怖いものに狙われますから。はい、それじゃあ、さっきの問題の続きを……」

T田教諭は、なぜか突然、怖い話をする「怪談先生」だった。問題を考える合間に怖い話をされた生徒たちは（問題なんか考えられません）と思っていた。

彼女の怖い話、不思議な話はいくつもある。

霊の声を聞いた話や霊の姿を視た話、前世の話（彼女は有名なアニメ『一休さん』にも登場する新右衛門の生まれ変わりらしい）をいくつも話して聞かせた。

現在なら問題になりそうな人物だが、生徒たちからは人気があった。生徒たちは怖がったり不思議がったりしていたが、彼女の話が好きだったのだ。そして、もともと怖い話が好きだったSさんも彼女の「授業の脱線」を楽しみにしていた。

ある日、Sさんは預かった荷物をT田教諭がいる教室に届けにいった。

「自分で運ぶっていってくれたんでしょ。ありがとうね」

どうして見てもいないことをこの人は……とSさんが思っていたとき。

「うぃっす、センセいる？　ああ、いたいた。センセ、いまヒマ？」

数人の不良グループが、ドカドカと教室に入ってきた。

「ん？　どうしたの？」

「センセ、霊能力があるんだろ？　これやってみせてよ」

不良グループのひとりが片手に持っていたのはトランプだった。

「さっきさ、コイツらにセンセなら絶対できるって言ったんだよ。頼むわ、センセ」

そういって裏をむけたカードを一枚、彼女の前に突きだす。

どうも彼らは、透視実験のようなことをT田教諭にやってもらいたいようだった。

「できるワケないじゃない。テレビでそういうの観たの？」

「昨日、スプーン曲げやってたんだよ。スプーンはないから、コレ当ててみてよ」

T田教諭は笑いながら「んー、じゃあ……ハートのクィーン？」と言う。

カードを持っていた不良は「うおッ、正解！」と目を見開いた。

T田教諭は両手をあげて「ヤッタ！」と喜んでいた。

「じゃあこれは？」「8かな。クラブの」「じ、じゃあこれは？」「ダイヤのエース？」

何度やってもカードはすべて正解だった。

ふざけていた不良たちはだんだんと顔色を変えて怖がりだした。その反対にT田教諭は子どものように「スゴイ！」と喜んでいる。そのうちに不良たちからトランプを全部とりあげシャッフルをはじめた。

「先生、もしかしたら新しい才能に目覚めるかも」

そういいながらトランプのカードを裏をむけて全部、机にずらっと並べた。

「ハートの2、クラブの9、ハートの3、ダイヤの2、クローバーの5！」

カードを的中させていくのを見て、Sさんも不良たちも真っ青になっていった。

「私、神経衰弱の大会にでれるわね！」

「オレ……なんか怖い。もうそのトランプいらね」

そういうと不良たちは教室からでていった。

Sさんは T田教諭がいままで話した体験も本物なのだと、実感したそうである。

どの道

　形式として、これはひとつづての怪談ということになるが、興味深いので記しておくことにした。先ほどのＴ田教諭の話のひとつである。

「私の父は大きな会社の社長でした。お金をたくさん稼いで、たくさんの人たちを雇ったけど、たくさんの恨みも買っていた。誰からも自分は好かれていると本人だけが思っていたみたい。まわりの人たちはみんな父に直して欲しいことがあった。でもワガママで傲慢な父に誰も、なにも言えなかった。その父はガンで亡くなりました。ガンを発見したときには、もう既にあちこちに転移してどうしようもない状態だった。最初は、入院した父に毎日のように、いろいろな人たちがお見舞いにきた。けど、もう助からないとわかった途端、だれひとりこなくなった。それでも父は誰かのせいにして、なにも学ぶことはなかったわ。自分の人望の無さに気づくことなく、父は死んだの。本当に可哀想な父」

　Ｔ田教諭は涙を拭いて、話を続けた。

「亡くなるとき、私と妹だけが病室にいたわ。他の兄弟や孫たち、親せきたちは誰もこなかった。その日の夕方、父は苦しみはじめたの。唸り声をあげて『痛いッ、痛いッ』って頭を振ってた。私は処置をしようとしているお医者さんたちに並んで父の手を握っていた。すると『痛いッ、痛いッ』いきなり『あ』と言った後、苦しむのを止めたの。そのかわり『やめさせてくれ、怖い、やめさせてくれ、怖い』とガタガタ震えて。顔を近づけて、どうしたの？　って聞いたら、目をつぶったまま、閻魔《えんま》さまがいるって。『閻魔さまが首を掴んで、ワシに見せてくるのが怖い、やめさせてくれ、やめさせてくれ』って。私はなにを見ているのって尋ねたら『閻魔さまが言ってる。どの道か選べ。怖い、厭だ、どれも厭だ、厭だ、怖い、助けてくれ、助けてくれ』。どの地獄に堕ちるのかということを選ばされていたのだと思う。そしてそのまま、恐怖の表情のまま亡くなった。首には誰かの大きな手形が痣《あざ》になってついていたわ。皆さんもそうならないよう、優しい思いやりのある人間になってください。さあ、問題の続きをやりましょう。誰かわかった人はいるカナ？」

やはり生徒たちは引きつった顔で固まっていた、という話である。

約束

「私ね、火事にあうらしいで。めっちゃ厭やわ」

近所に住むE子さんの家で、彼女の言葉にOさんはぎょっとした。

「あうわけないやろ、アホらしい。誰がそんなこと言うた？」

彼女はポテトチップスの袋に手を突っこみ「友だちの友だち」とポテトをかじった。

「なんか、そういう先のことがわかるっていう人。来年、家が火事になるって」

「なんやそれ。胡散臭い。大丈夫や、ここが火事なったらすぐわかるから、助けにいくわ」

「ホンマ頼むで。ひとり暮らしやから誰もおらんし。アンタが助けてや」

「ああ、約束する。すぐオバハンのところ駆けつけて、助けたるわ」

このような会話があったそうだ。


そして一九九五年一月十七日の朝、その大地震はおこった。

大きな揺れによりOさんの家は全壊したが柱のあいだをぬうように移動して、なんとか彼は這いでることができた。外にでてまわりを見ると、ほとんどの家が倒壊している。

隣に目をやると、近所の若者が崩れた家の瓦を慌ててどけていた。

Oさんはすぐに駆けつけ「ここの婆ちゃん、中におるんか！」と声をかけた。

「はい！　ちょうどこのあたりが部屋なんです！」

よっしゃっとOさんも瓦や柱をどけるのを手伝いだした。すぐに柱のあいだにある空間ができたので若者が呼びかけると「ここにおるでえ」と奥から声がした。いつ崩れてもおかしくない空間に若者は迷いなく入っていった。すぐに老婆を抱きかかえて、戻ってくる。彼女は震えながら「ありがとう、ありがとうな」とつぶやいていた。

Oさんは（他に近くの、ひとり暮らしの人は……）とE子さんのことを思いだした。

彼女の家にむかっている最中も、あちこちから助けを求める声が聞こえてくる。Oさんを呼び止めようとする人たちも何人かいた。そのたびに「すぐ戻るから！」と彼らを振りきってE子さんの家についた。

彼女の家は平屋だったが、まわりと同じように崩れていた。

Oさんは玄関のあたりから家の周囲をまわって「おーい！　オバハン！」と呼びかけるが返事はない。庭の縁側に空間が少しあり、そこからなかを覗くが暗くてなにも見えなかった。もう一度「大丈夫か！」と声をかけると、

「ここや、ここ！　ここにおるで！　早よ助けて！」

苦しそうな返事があった。

空間からなかに入ろうとしたが、斜めに落ちている柱が邪魔で無理だった。

「ちょっと待っとき！　すぐ助ける！」

さっきと同じように、邪魔になっている柱の付近の瓦や木片をどけはじめた。

しかし、柱はビクとも動かず、ひとりでは無理だとOさんは判断した。道に戻り「助けてくれ！　誰か手伝ってくれ！」と声をあげたが他の者も救出作業で忙しく、道を通るのは年寄りばかりだった。さっきの若者を呼びにいこうと自宅の隣まで戻ったが、他の家を助けにいったのか、姿がなかった。

E子さんの家に戻る最中、懐中電灯をたくさん持って走る初老の男性に逢った。

「あ、あんた、ちょっと手伝ってくれ！　ひとりじゃ無理なんや！」

「悪いけど、こっちも急ぎなんや！」といこうとするのを捕まえて頼みこんだ。持っていた懐中電灯のひとつをOさんに渡すと男性は「すまん！」と頭をさげて去っていった。

懐中電灯を持ち、息を切らせて走り、E子さんの家に戻る。さっきの空間の箇所にまわり、顔と腕を空間に入れて懐中電灯をつけると、奥にE子さんの手があった。

「手が見えるで！　大丈夫か！」

「Oちゃんか？　どこにおるんや！　早よ、助けてくれ！」

「庭のところや！　入りたいけど、柱で無理なんや！　いまどうなってる！」

「足が挟まって痛い！　抜けへん！」

絞るように叫ぶ様子から怪我をしていることがわかる。Oさんは（ここが無理なら）と玄関のほうにまわり瓦礫《がれき》をどけて、なんとかE子さんのところに近づこうとした。


一時間ほどが経過したがOさんは一歩もなかに進めなかった。

どの角度からも必ず柱が邪魔をして入れない。そのうち、E子さんの呟きこむ声が聞こえはじめた。縁側の空間に戻って懐中電灯を照らすと、なかから煙がでているのがわかった。懐中電灯の光に気づいたのか、E子さんは手をあげてOさんに見せると、

「火事や！　あんた、もういいから逃げ！」

手を動かし、あっちにいけという仕草をした。

「アホなことを言うな。すぐそっちいくから！」

「ええんや！　足にもでっかい柱がのってるから無理や！　もう逃げて！」

「アカン！　すぐどける！」

Oさんは目の前の柱を掴み持ちあげようとしたが、数ミリも動かすことができない。

「ええんや！　ほら！　聞いてみ！」

いつの間にかあちこちから煙がでているらしく、助けを求める声が響いてくる。

「他の人を助けてあげ！　私はひとりで出れる！　もう行き！」

どこからかバチバチというなにかが焼ける音が聞こえ、煙は量を増していく。

周囲から悲鳴のような声が聞こえだした。

「オバハン……ごめん！　ごめんな！」

泣きながら立ちあがろうとすると「Oちゃん！」とE子さんが呼び止め、言った。

「おおきに！　ありがとうな！」


阪神淡路大震災での火災による死者数は四百人から五百人以上といわれ、停電から復旧する際にブレーカーがあがったままでおこる、通電火災が主な原因とされている。

あの後Oさんは全壊した家をまわって四人ほどの救出を手伝うことができた。一帯が炎に包まれて多くの人たちが避難していったが、そこにE子さんの姿はなかった。


二〇〇四年、アパートで暮らしていたOさんは早朝に目を覚ました。

台所にいくと後ろから気配を感じて、寝室を振りかえった。

E子さんが蒲団の上に正座をしている。

驚いたがすぐに、あのとき守れなかった約束を思いだす。(ワシ……謝らな)とその場にしゃがみこもうとしたとき。E子さんは片手を左右にふり(いいねん、いいねん。気にせんとき)という仕草をする。

そして微笑んだまま、なにも言わず、消えた。

一月十七日の朝、Oさんが唯一体験した怪異の話である。

柳の木

Bさんという男性が同僚のFさんに「これ見てくれよ」とスマホを渡された。

画面にはカメラアプリで撮った写真があった。

「なんだよ。障子《しょうじ》？　和風の家か。どこの写真だ？」

写真はFさんの妻の実家で、客間から撮ったものらしい。

「この前のゴールデンウィークのとき、泊まりにいったの。そこで変なことがあって」


実家はG県の市外にあり、Fさんと妻は息子を連れて遊びにいった。

義父と義母は孫を可愛がっていた。どんな要望も聞いて甘やかし遊んでいる姿は、まさに目に入れても痛くないといった様子だ。Fさんの息子も自分の祖父祖母が大好きなようで、泊まりにいくのを楽しみにしていた。車で妻の実家にむかったときも、待ちきれなかったのか、義父たちはふたりして道路にでてFさんたちの到着を待っていた。

「おじーちゃん、おばあーちゃん！」

車から降りるなり、息子は義父たちに抱きついた。

それから数日のあいだ、息子は義父たちと一緒に眠ると言って聞かなかった。

Fさんと妻はふたりで、客間で休んでいたそうだ。

その深夜、Fさんは目を覚ました。

障子に庭の柳の影が映って、垂らした枝を風に揺らせているのが見える。

彼は（こういうの、風流だな）と思いながら再び眠りについた。


翌日はみんなで、県境のテーマパークにいくことになっていた。

車に荷物を積みこんでいるとき「あれ？」とFさんは気づいた。車が停めてある駐車するスペースから客間のガラス戸、そしてその内側に閉めた障子が見えている。

だが庭には柳がない。障子に映っていた影はこの家のものではなかったのかと思い、まわりを見るが、それらしき木はどこにもなかった。

結局そのときは、なにかの影を柳と間違えたのだろうと思った。

テーマパークでは、広い花畑と動物たちに息子は興奮していた。

「ヤギさんがいるよ！　いこう、おじーちゃん！」

義父と義母が引っぱりまわされているのを、妻とふたりでベンチから眺めていた。

妻はジュースを飲みながら「昨日、よく眠れた？」と聞いてくる。

「まあまあ。そういえば夜、障子に木の影が映ってた」「木?」「柳の木。でも、さっき外を見たら木なんてなかったから。光の加減で錯覚して影が木に見えたんだよ、多分」

妻は「そういえば、むかしは柳があった気がするな」とつぶやき、

「あれ? 切っちゃったのかな。最初からなかった? あれ? どっちだろ?」

覚えてないや、と妻は話を終わらせた。

ところがその夜中も、目を覚ましたFさんは障子に映った柳の影を目撃する。

(しかし、この影……本当に柳の木にみえるな)

さらに翌日の夜、就寝する前にFさんは電気を消して障子を見た。

(あれ? 影ないな。この時間の明かりじゃ見えないのかな?)

風呂上がりの妻が客間に入ってきて「なにしてるの」と聞いてくる。彼が「昨日も障子に影があったのに、いまはないんだよ。なんの影なんだろうな」と言うと、妻は「明日帰るから今夜も見えたら写真、撮っといてよ」と布団に入った。

Fさんは充電コードを差したスマホを枕元に置き、眠りについた。

深夜、やはり目を覚ましたFさんは障子に顔をむけた。

寝る前にはなかった影が、障子にハッキリと確認できた。

Fさんは枕元に手を伸ばして（よしよし……）とスマホで写真を撮った。

（でも、いったいなにが柳に見えるんだろう？）

正体を確認してやろうと、布団からでて立ちあがり障子を開けた。

目の前に顔がある。ガラス戸に髪の長い女性が、べったりと貼りついていた。


Fさんの話の通りスマホには、障子に柳の影が写っている。

話を聞いていたBさんは「怖ッ！」と声をだして何度も写真を見た。

「マジで悲鳴あげたわ。みんな、すぐおきてさ……恥ずかしいったらありゃしない」

「で、結局そいつが柳の影に見えていたってことか？」

「いや、これどう見ても柳だろ？　おんなには見えないって」

「おんなはどこいったんだ？」

悲鳴に驚いた義父たちが電気をつけると、女性は消えていたという。

「もう一度、電気を消したら、柳の影も消えていたよ」

震えるFさんの横で「ここに柳の木ってなかった？」と妻が義父たちに尋ねると、むかしはあったが厭なことがおきたので切ってしまった、と説明されたそうだ。
Bさんが「厭なことってなんだよ」と唾で喉を鳴らし聞くと。
「知らないおんなが自殺してたんだって。なぜわざわざウチの柳で首を吊ったのか
わからないと義父たちは言っていた、という話だ。

砂利道

仙台に住んでいるSさんという女性から聞いた話である。

当時、彼女は免許をとったばかりで、ドライブするのが楽しくて仕方がなかった。

ある平日、仕事が休みだったSさんは母親と一緒に車で図書館にいった。

夕方まで読書をゆっくり楽しむ。

そろそろ家に帰ろうということになり、駐車場の車にふたりで乗りこんだ。

エンジンをかけて道路にでると、仕事帰りの車でいっぱいだった。

そのまま真っ直ぐ進めば自宅の近くまでいけるが、運転を楽しみたかったSさんは、

「ちょっと遠回りしてもいい？」

そういって前を走るトラックにあわせて右折した。斜め右に曲がるその道は、一応国道に沿っていたので方向的には帰り道と変わらないはずだ。前を進むトラックとSさんたち以外の車はなく、みんなが知らない近道かもと思ったそうだ。

しばらく後ろにつくように走っていたが、急に前のトラックが速度をあげた。

見る見る間に道の先へ、小さくなっていく。

「先にいっちゃったね。急いでたのかな」

Sさんと母親は消えていくトラックをなんとなく無言で見つめていた。

砂利道になっているようで、タイヤが砂を巻きあげる音が車内に響いてくる。

そのうち、どんどん道の幅が狭くなってきた。母親が、

「大丈夫かな、この道」

不安そうに尋ねてきた。

「一本道でもあんなに大きなトラックが走っていったから、大丈夫だよ」

ところが、そのうちに道がロータリーにでた。

公民館のような建物と「○○不動産はこちら」と矢印がついた看板があるだけだ。

ロータリーをぐるりと回ると、きた道を戻るしかない。

建物の前の芝生には、ダンボールでつくった案山子《かかし》のような人形が置かれている。

「あれ？　じゃあ、さっきのトラックはどこにいったんだろ？」

不思議に思ってその場で停車すると、見落としている道がないか確かめる。

看板の矢印のほうに路地があるが、トラックが通れる幅ではなかった。

Sさんは狐につままれたような気分になりながらも妙なことに気づいた。

芝生にあったはずの人形が、道にでて立っている。

「人形、あんなところにあったかな？」

聞かれた母親は人形に初めて気づいたようで、案山子を不気味がった。

「なにあれ、気持ち悪いわね……」

「なんかここ、すごく厭な感じがする。誰もいないし……」

「Uターンして戻ろうか」

車を動かし、ロータリーをぐるっと回りこむと、きた道を戻っていく。

トラックのことを不思議がり話していたが、そのうちまたふたりは無言になった。

どれだけ進んでも、砂利道が続く。

(この道って——こんなに長かったかな)

きたときは十分ほどでロータリーに到着したはずである。

横に沿うようにあったはずの国道が見えず、ずっと闇が続いているだけだった。

もう自分たちがどこを走っているのか、見当もつかなくなってきた。

ふとSさんがルームミラーに目をむけると、車の後方になにかがみえた。

さっきの人形である。

ぐぐぐッと躰を反らせて——車を追いかけていた。

Sさんが「人形！」と声をだした。

母親が振りかえって悲鳴をあげる。

慌てず冷静にスピードをあげて距離をとっていくと、ゆっくりと人形は闇に溶けこんでいった。

やっとでてきた国道まで、一時間以上を要したそうだ。


「もう大丈夫だから落ちついて。運転をかわるわ」

母親が優しい口調で、車を停めるように指示した。

コンビニに停車するとSさんは緊張がとけたのか、げほっと咳がでた。

「大丈夫？　お水を買ってくるわ」

母親が買ってきた水を飲んで、喉を落ちつかせようとしたが咳は治まらない。

そのうち、なにかが口から飛びだして足元にこぼれ落ちた。

ぱらぱらぱらッと音を立て次々とでてくるそれは——砂だった。

咳が止まるまで、手のひらですくえるほどの砂をSさんは吐き続けたそうだ。


「私が吐いた砂、なぜかあの砂利道の砂だったような気がするんですよね」

Sさんはトラックのことも人形のことも理解ができず、気になっていた。

ずいぶん経ってから、彼女はもう一度あの砂利道の先を調べたそうだ。
しかし、ついにロータリーをみつけることはなかった、という話である。

廃屋のガキ

Kさんが子どものころ住んでいたアパートの前に、小さな廃屋があった。

父親の話では以前、小さな豆腐屋があったらしい。

そこの主人は借金か愛人ができてか、蒸発してしまった。

少しのあいだ残された妻と子どもたちが細々と暮らしていたが、気がついたらいなくなっていた、ということだった。

「えらい大人しい一家やった。みんなガリガリに痩せとってな。気色悪かったわ」

父親がそう言うと、母親はいつも「あそこは入ったらアカンで」と言っていたそうだ。


ある夏の夜、Kさんは小学校の祭にいった。

自治体からアイスクリームを土産《みやげ》にもらい、それを舐めながら帰ってきた。

アパートの階段をあがろうとすると物音が後ろから聞こえてくる。

振りかえると、向かいにある廃屋の木製の扉が開いていた。灯りが漏れていて、なかに誰かがいることがわかる。

いつも気味悪がっていたのに、そのときなぜかKさんは無性に廃屋が気になった。

足音を立てぬよう砂利道を歩いて扉に近づく。

隙間から覗くと、土間にぶらさがった豆電球が揺れている。その光に照らされた竈《かまど》の上に背中をむけて、股を広げてしゃがみこんでいる生き物がいた。

Kさんが目を凝らすと棒のように細い足を持つ子どもであることがわかる。

痩せている、という言葉では到底表現しきれない。

いつか地獄絵で見たことのある「餓鬼《がき》」そのものだ。

それが顔を上下に動かし——音を立て、鍋を舐めまわしているようだった。

驚いたKさんの息が聞こえたのか。

その生き物は首を回して大きな目玉で彼を見て「ぎやッ」と鳴き声をあげた。

そのまま飛びあがり、穴の開いた天井に消えてしまった。


「骸骨《がいこつ》みたいな顔でしたが……それ、子どもやなくて」

間違いなく大人の女性だった、とKさんは語る。

「いまはもうとり壊されて、無くなっているのでしょうが、あの廃屋過去にいったいなにがあり、なにが住んでいたんでしょうか——」

そういってKさんは話を終えた。
懐かしい昭和の時代、小学生のころの思い出だという。

贈り物

N山さんという女性が体験した話である。

その当時、彼女は毎日のように不思議な夢を見ていた。

場所がどこなのかわからないが石の階段に座っている。しばらくすると、ヨタヨタと老人がこちらに歩いてくる。目の前まできて「はい」と紫色の風呂敷を手渡す。N山さんはそれを素直に受けとると、老人はきびすをかえす。そしてまた、きたときと同じようにヨタヨタと戻っていく。老人の後姿をしばらく見送るが、膝《ひざ》にはいま受けとった風呂敷がある。その風呂敷のなかで、モゾモゾとなにかが動いている——。

そんな夢を見るそうだ。

「ほとんど毎日だよ。なんか気味悪くない？」

母親に話すと「ちょっと気持ち悪いわねえ。でもさ、それって実は予知夢みたいなやつで、本当に同じことがおこったらどうする？」と眉間にシワをよせて脅かしてきた。

その数日後、東北に住む伯母が心不全で亡くなった。

一緒に住んでいる祖父が困っているだろうと、N山さんと母親は急いでむかった。

母親の実家では近所の人たちが祖父を手伝っており、葬儀の準備が進んでいる。

「お父さん、大変だったね。大丈夫？」

顔色は悪かったが、N山さんたちがきたので祖父は安心しているようだった。

葬儀は近くの寺で行われることになった。伯母の遺体はまだ病院にあったが、N山さんと母親は住職に挨拶をしに寺へむかう。寺務所を覗いたが住職の姿がない。

「私が探してくるから、お母さんはここで待っていて」

母親を待たせ、N山さんは住職を探しにいった。

境内の奥に戸建ての家があって、そこに住職はいた。N山さんは葬儀の流れをひと通り説明された後、母親のところに戻った。疲れていたのか、母親は本殿の横にある階段に座って眠っているようだったが、その膝に紫色の風呂敷が置かれている。

「ああ、ごめん寝ちゃってたわ。ご住職さんは？　みつかった？」

「……お母さん、その風呂敷はどうしたの？」

母親は風呂敷に気づいていなかったようで「これ……誰の？」と驚いていた。

問題はそれだけではなかった。

風呂敷にはなにが入っているのか――モゾモゾと動いているのだ。

母親は青ざめながらも風呂敷に手を伸ばし、なかを開けた。

中身を見たふたりは絶叫してしまった。

「その風呂敷は母が眠っているときに、そっと膝に置かれたものらしく、夢で見たお年寄りが持ってきたのかどうかまではわからないんだそうです。予知夢だったとしても、いったいどうして私が母の体験することを夢に見ていたのでしょうか」

ぼくが風呂敷の中身を聞くと——。

「糸にぐるぐる巻きにされた、小さなネズミが何匹も入っていました。見たときは本当に驚きましたが、よくよく考えると亡くなった伯母は家で猫を何匹も飼っていたので、その猫の餌のような気がするんですよ。あれは私たちにではなくて、伯母に対する贈り物だったようです。でも、さすがに持って帰る気にはなれず」

そのお寺の住職に事情を説明して、処分してもらったそうだ。

そしてN山さんは、あの夢を二度と見ることはなくなった、という話である。

職場

T田さんから聞かせてもらった話である。

二十数年前、彼はテレアポの会社に勤めていた。電話で展示会の案内をして会場にきてもらい、呼んだお客に宝石を販売する仕事である。業種は営業という枠になるが、当時はいまでいうブラック企業的な要素の会社が多かった。成績を伸ばすことができなかったら深夜までの残業は当たり前で、常識や他人の迷惑など考えずアポがとれるまで電話をかけさせられる。仕事ができなかったり、反抗する者は暴力をふるわれていた。

人と話すのが得意だったT田さんは難なく業務をこなすことができたが、なかには入社してから三カ月が経ってもアポがとれない人もいた。Bさんもそのひとりだ。

Bさんは T田さんが勤めて、二年ほど経ったころ入社してきた。

か細い声で気も弱く、常に上司から説教されたり殴られたりしていた。本人も頑張ってなんとかしようとしていたが、断られるとなにも言えなくなる性格だった。

それでもどうにか状況を好転させようと彼は必死だったようだ。

ある朝、オフィスでの朝礼が終わりかけたとき、部長がBさんに怒鳴《どな》った。

「いつになったら販売トークするんだよ！　毎日デスクに座ってるだけじゃねえか！」

彼は躰を強張《こわば》らせて、辛そうな表情を下にむけた。

入社して半年間、Bさんは売り上げをあげていない。それどころか一度のアポすらもとれていなかったのだ。給与はひと月間の研修期間のみ発生する完全歩合制だ。つまり彼は五カ月のあいだ一円も貰っていないことになる。

T田さんは（ついに潰しにかかったな）と思った。

ときどき現れる歩合を稼ぎきれない社員を辞めさせる、部長の手法だったのだ。

「今日アポとれなかったら、もう受話器なんか触るな！　わかったか、この野郎！」

Bさんは絞りだすような声で「はい」と返事をして朝礼は終わった。

T田さんが気分を悪くしたのは部長にだけではない。なにが可笑しいのか、責められているBさんを見て笑いを堪えている者もオフィスには大勢いたのだ。

朝礼が終わると、お客を迎える展示会場にむかう社員と、オフィスでアポをとろうとする社員に別れる。その日はみんなアポがあったらしくオフィスをでる準備をしていた。

他の社員たちと一緒にT田さんもエレベーターに乗りこむ。

「今日アポとれなかったらBはもう辞めですね。ずっと邪魔だと思ってたんですよ」

「みんなの前で怒られたり殴られたり。よく平気で会社これるよな」

口々に好きなことを言う同僚たちに、T田さんは腹が立った。

「……毎日毎日みんなから追いつめられたらモチベーションも下がるし、誰だって委縮するだろ。人の悪口言ってないで、自分のことだけやってろよ。このカスどもが」

怒気を強くこめたせいか、同僚たちはなにも言わなかった。

なぜかT田さんはイライラした。同僚たちなのか部長なのか、それともこの職場を選んだ自分自身だったのか。その怒りがどこからくるのか、わからなかった。

T田さんには夜までに三件のアポがあったが、すべて失敗してしまった。

特に最後の交渉は無駄に長引いてしまい、自ら終わらせたところもあった。

会社に戻ったのは午後十一時前だ。オフィスに入ると消えていた電気をつける。

誰もいないと思っていたオフィスにBさんがいた。彼は机の上に正座して「お疲れさまです」と小さな声をだした。部長にまた殴られたのか、顔が少し腫れている。

「お前、そんなところに座ってなにしてんの?」

「部長から……零時まで正座してから帰れって言われて……」

「アポ、だめだったんだな……部長はなんて言ってた?」

「明日から、会社にきたら零時まで正座して、自分のなにが悪いか考えろって……」

膝においたBさんの手が震えている。

「悪いけど、正直……オレもお前はここにむいていないと思う」

「前の仕事場でも同じこと言われたんです。ぼくみたいのは……仕方がないんです」

そう言ってBさんはぽろぽろと涙を流しはじめた。

「もういいから、机からおりろ。バカにされても胸を張れ。下を見るな」

「いいんです、零時までもうすぐですから。ぼくはこういう男なんです。すみません」

すみません、すみません、すみません。

何度も謝る彼に、T田さんは言葉がでなくなった。なぜか（こいつは今夜……自殺する）と思った。そしてすべてを諦めているBさんに対して無性に怒りが湧いてきた。

T田さんは「謝ってるんじゃねえッ！」と机にあがってBさんを蹴り落とした。

転がった彼を追いかけるように飛びおり、胸ぐらを掴んで顔面を殴りつけた。

「すみません！　ごめんなさい！　すみません！」

「謝るなッ！　謝るなッ！」

何度も彼を殴りつけるT田さんの拳に、痺《しび》れにも似た痛みが走る。

すると後ろから笑い声が聞こえてきた。

「あはは。お前ら、なにしてんだあ」

振りかえると、顔を赤らめた部長が立っている。

その片手には缶ビールが握られていた。T田さんは息を切らせて、なにも言うことができない。Bさんは身を縮めて、頭をかばっている腕のあいだから部長を見ていた。

「居酒屋で呑んでたんだけど、そろそろ時間だから様子を見にきたんだ」

ふらふらとT田さんたちに近寄り、Bさんを見下ろしている。

「コイツ殴ると面白いよなあ。ビクビクして小学校の同級生、思いだすわ」

そういって糸をひいた口を開け、げらげらと笑いだす。

T田さんは「オレ、辞めます」と言って、彼を連れてオフィスをでた。


駅に到着すると、終電はすでになくなっていた。

T田さんは財布のお金を全部だして「タクシー代」とBさんの胸に押しつけた。

そしてそのままなにも言わず、きびすをかえして徒歩で帰っていった。


それから数年の月日が流れ、T田さんは食料品の製造工場でバイトをしていた。

あの夜からいままで会社から連絡はなかったそうだ。いい加減な会社だったのでそれは予想していたことだった。約ひと月分の給与を貰っていなかったが、急に辞めた自分にも責任があると考え諦めることにした。

あれからいくつもの会社の面接を受けたが上手くいかなかった。

諦めず就活を続けていたおかげで、先日受けた面接で手応えのある会社があった。

アパートの前に帰るとポストから郵便物の束をとりだす。階段を上がりながら郵便物に目を通すと、採用通知があった。

(明日バイト辞めること、言わなきゃな) と思いながら、玄関のドアに鍵を差しこむ。

そのとき、片手に持った郵便物の束から四角い封筒が一枚落ちる。

拾ってみると、そこにはあのBさんの名前が書かれてあった。

T田さんは (なんで住所知ってるんだ?) と不思議に思いながら部屋に入る。

荷物を置いて封を開くと、なかには手紙とお札が入っていた。

T田さんへ
お久しぶりです。
覚えているでしょうか。Bです。ご無沙汰しております。
いきなりのお手紙、申し訳ありません。住所は失礼ながら、興信所に頼んで調べてもらいました。ご無礼をお許しください。どうしても伝えたいことがあったのです。

あの夜、ぼくはだれもいないオフィスで（今夜、死のう）と思っていました。ぼくをさらし者にした部長を怨みながら死んで、同じ目にあわせて呪い殺してやろう。そんなことを机の上でずっと考えていたんです。

呪われろ、呪われろって呟きながら。

ぼくは学生時代、いじめられていました。そのせいで親にも迷惑をかけたし、自分のことが嫌いでした。もっと人に役立つ人間だったらといつも考えていたのです。

社会にでたら何かが変わる。そう思っていましたが結局同じでした。

自分をおとしめる考え方が、さらに自分をみじめにして。他人の優しさは見せかけだけのものだ、誰もわかってくれない。そう思っていたのです。そして、いつの間にか、本当に人の優しさのわからない、自分の事しか考えられない人間になっていたんです。

あの夜、ぼくはあの机の上で、T田さんがみんなと同じように適当な事を言っているのだと思っていました。申し訳ありません。ぼくの、自分のために、本気で怒ってくれた人はT田さんが初めてです。

いまぼくは、地方の親せきの土地を借りて弁当屋を経営しています。借金から始めたので大変ですが、なんとか生活はできています。先日、店で出会った彼女と結婚することになりました。生きていて良かった。

そう思ったとき、T田さんにどうしてもお詫びとお礼を申したかったのです。
本当にありがとうございました。
お借りしていたタクシー代を添えて送らせて頂きます。どうかお元気で。

B

(あいつ、オレより先に就職と結婚してやがった)
そう笑った後、読み終えた手紙を折りたたみ、お札に重ねてテーブルに置いた。
「やっぱり死のうとしてたのか」
感情に身を任せたとはいえ、それを止めることができた——。
窓を開けて空を見上げると、部屋に涼しい風が入ってくる。
T田さんはそれからも、ときどきあの夜のことを思いだして、自分を誇らしく感じた。
Bさんの机の上で「呪われた」というメモを残し、自殺した部長のことを知るまでは。

わかる

ずいぶん前にK辺さんという男性から聞いた話である。

彼の身長は一八四センチで、細いが筋肉質の体形だ。中性的な顔立ちをしており大変にモテる男であった。彼自身も女性が大好きで、彼女が四人ほどいる。しかも、どの彼女も自分は四人のなかのひとりであることを知っており、納得している。

ぼくが「四人だなんて忙しいですね。デートとかできるんですか」と聞くと、

「四人全員と遊びにいくこともありますよ。もちろん、予定があえばですがね」

そのうえ見知らぬ女性と遊びにいってもOKというとんでもない許可もあるらしい。

末恐ろしい発言を軽々と口にするK辺さんは、さらにとんでもないことを言いだす。

初対面でも、その人と夜を共にするかどうかが、ひと目でわかるのだというのだ。

「その感覚をハズしたことはないですよ。自他ともに認めるおんな好きですから。」

あるとき、彼は男友だち数名と夜の街にくりだした。

呑み屋で食事をすませた後、クラブにいって音楽を楽しんでいた。

男友だちがナンパに励んでいるなか、K辺さんはドリンクを注文しにいく。カウンターで順番を待っていると、スツールに腰かけた女性と目があった。ストレートのロングヘアで、前髪を真横にそろえた目の大きい美人である。K辺さんは（ちょっと痩せすぎてるけど、タイプだな）と思ったがすぐに（でもダメだ）とわかった。

いつもの勘、彼のいう「あの感覚」を感じとることができない。

つまり、あの子とはホテルにいけないということだ。

ムダな努力をするのはイヤだったので、K辺さんは女性に微笑みかけるだけにした。自分にむけての笑みだったことに彼女は気づき、顔を傾けウインクをかえした。それでもドリンクを貰うと、すぐに男友だちが待つホールに戻ったそうだ。

しばらくは楽しんでいたが、だんだんと飽きてきた。気分を盛りあげるため、みんなでテキーラを呑もうということになる。四、五杯呑んだあたりから、いっきに酔いがまわってきて、K辺さんの記憶は飛び飛びになってしまった。

自分の喘《あえ》ぎ声でK辺さんは目を覚ました。

天井には紫色の照明があり、覚えのあるシーツのにおいがする。

（なんだ？　ラブホテルじゃねえの？）

そう思いながらも股間にまとわりつく、ねっとりとした感触で声をあげた。あらわになったK辺さんの下半身に、黒髪の頭が埋まっている。抗えない快楽に身をよじらせていると、女性がこちらに顔をむけて「おきたのね」と話しかけてきた。

クラブでカウンターにいたあの女性である。

いったいどういう流れで彼女とここにきたのか、まったく思いだせない。

「ちょっと待ってて。シャワー浴びてくるから」

そういって女性は立ちあがり、ベッドから離れていった。

服は着たままだったそうだ。

(いまきたばかりみたいだな……ダメだ、ぜんぜん覚えてねえ)

バスルームの扉を開け、服を脱ぐ音が聞こえてくる。

(あの子とはヤれないと思ったのに、おかしいな)

自分の感覚が鈍ったのかと思ったとき、黒かった壁がパッと明るくなった。どうやら壁ではなく、バスルームのくもりガラスだった。

(まあ、ヤれるならいいか)

K辺さんがそんなことを思ったとき、女性の姿がぼんやりと見えた。

彼女は肩をすぼめて躰を上下に揺らしている。あの子はなにをしているのだろうと、不思議に思っていると「しーっ、静かに、もうすぐだから」とささやく声が聞こえた。

（え？　アレもしかして……）

理解しかけた途端、赤ん坊の泣き叫ぶ大きな声が聞こえてきた。

「しーッ、しーッ。静かにしろっていってるだろうがッ！」

K辺さんは赤ん坊と女性の声に驚き、立ちあがった。

女性の影がなにかに気づいたように正面、K辺さんの方向に顔をあげ、素早く横にずれて、くもりガラスからその姿が消えた。

動揺したK辺さんは「なに？　なに？」と慌てズボンをはく。

全裸になった女性がバスルームの扉を開けて現れた。

そのまま彼にむかって足も動かさず、すーっと一直線にむかってくる。

腕には真っ赤な血で染まった赤ん坊が、狂ったように大声をあげて泣いていた。

気がつけば、K辺さんは傷だらけになって街を走っていた。

どこをどうやって逃げたのか、まったく記憶にないらしい。

「ホテルって会計をしないと出られないから、窓を割って逃げたんだとは思うんです」

逃げているとき、手が切れていたのがその証拠ではないかとK辺さんは話す。

「ツレに確かめたんですよ、記憶飛んじゃって、覚えてないからって。そしたらね」

酔っぱらってオマエ帰ったよ。前髪パッツンで黒い髪の痩せた美人と一緒に――。

K辺さんが渋谷で体験した出来事である。

電話ボックスのおんな

二十五年ほど前、Mさんという男性が育った街にこんなウワサがあった。

深夜、山中にある電話ボックスにいくと女性がいる。

車から（なぜこんな時間にひとりで？）と思っていると、女性は電話ボックスから外にでた。声をかけると彼氏とケンカをして車を降ろされてしまい困っていると話す。車に乗せて送っていると、山をおりきる前に女性は消えてしまう、というものだった。

いまでこそよくありそうな話だが、当時Mさんはこの話を聞いて震えあがった。よく知っている道だったので、深夜は車で通らないようにしようと決めていた。

ある夜、Mさんは友人の家で映画を観ていた。

映画マニアな友人のお勧め作品に夢中になっていたそうだ。

午後九時をまわったとき、家の外から大きな音が響いてきた。すぐに「なんだ、いまの音は？」とふたりで部屋からでる。玄関にいくと友人の両親が靴を履こうとしていた。

皆で外にでると一台の車が塀を壊して、敷地内の倉庫にぶつかり煙をあげていた。

皆で「大丈夫か！」と窓の開いた運転席を覗く。

運転手の男性は頭を打ちつけたようで、額から血を流しながら唸《うな》り声をあげていた。

父親は母親に救急車と警察を呼ぶよう指示をだした。

「爆発するかもしれないから、あの人を車からださなきゃ」

そういってMさんと友人に手伝うよう頼んだ。

運転席のドアは歪んでしまっていたようで開けることができなくなっていた。助手席側は倉庫の荷物で埋まっている。仕方がないので窓から彼の躰を掴んでだすことにした。

「引っぱりますよ、いいですか？」

男性がうなずくのを確認すると、腕と肩に手をかけて「せーの！」とちからをこめた。

上半身が外にでたが、それ以上動かない。

ちからがこめられるたび、男性は唸り声をあげて苦痛に顔を歪ませる。

ぐいぐいと何度も引っぱると、なんとかを外にだすことができた。

「このまま車から離すぞ！」

彼の両手と両足をもって玄関の前まで運ぶ。

男性を寝かせて「大丈夫ですか？」と父親が尋ねる。

「お、おんなが、車に、乗ってきた……怖い、怖い……」

「そのあと救急車で運ばれていきました。混乱していましたが無事だったらしくて。もちろんそのときは、あれが心霊的な出来事とは思っていませんでした。でも、あとで友人が『すぐ外にでなかったのは、なにかが躰を引っぱっていた』とか言いだして……」

ひと月近くが経って、友人の家に男性の親が修理代を持って謝罪をしにきた。

「酔ってもいなかったのに、なぜ事故になったのかわからないです」

申し訳ありませんでした、と頭をさげる。

「ところで彼はまだ入院しているんですか？」

そう友人の父親が尋ねると、男性はそのまま精神科に入院してしまったというのだ。

「寸前に『もう帰るからご飯用意してて』と電話ボックスから連絡があって……そのときまでは普通だったんですが……事故の後、ヘンなことばかり言うようになって……」

『おんながいる、まだ、おんなが見える――』

事故の後もそう言い続け、へらへらと笑っているらしい。

「友人の家の前の道、あのウワサがある山へ続く道路なんです」

やっぱり関係あるんですかね、とMさんは尋ねてきた。

お祖母ちゃん

S村さんという男性が荷物を届けに祖母の家へむかった。

彼は玄関の戸を開けると「お祖母《ばあ》ちゃん、いるー？」となかへ入った。

静まりかえっているので留守だとわかった。祖母が鍵を開けたまま、どこかにでかけるのはいつものことだったからだ。

S村さんは飲み物をもらおうと、台所にいってコップをとり冷蔵庫を開ける。

椅子に腰かけてコップを置くと、テーブルの上に湯呑みがあった。その湯呑みにお茶が入っている。それはいいのだが、湯気があがっているのを見て、あれ？　やっぱりお祖母ちゃんいるのかな？　と思った。

奥にむかって「お祖母ちゃんいるのー？」と再び声をかける。すると、

「おばあちゃん、いるのおお？」

オウムがえしのような、男の声が聞こえてきた。

S村さんはぎょっとして（誰かいる）と立ちあがり、声がしたほうにいく。

奥の部屋の戸を開けると同時に、仏壇の扉が音を立て閉まるのが見えた。

背中に冷や水をかけられたような感覚が走り、すぐに家をでようとした。

玄関でバッタリ祖母に逢い、驚いて心臓が止まりそうになる。

「あら、きてたのかい」

「い、いま、誰かの声がした。奥の部屋から」

すると祖母は「ああ、大丈夫だよ」と笑い、

「湯呑みがあったろ？　留守のとき、亡くなったお祖父さんが家を守ってくれてるの」

あの湯呑みは亡くなった祖父のものだという。

「でも最近ちょっと、様子がおかしくて。こっちと同じことを言ってきたり」

死んだ人もボケるのかな、そういって祖母はやはり笑っていたそうだ。

口裂け女

Yさんが小学生のとき「口裂け女」の都市伝説が流行《はや》った。

道を歩いていると大きなマスクをした女性がやってきて――。あまりに有名なのでこれ以上記す必要もない話である。もちろん噂話にすぎず、Yさんも友人たちも誰ひとりその姿を見たことがない。それでも「口裂け女の撃退法」をみんなで共有して、万が一のときに備えていたそうだ。


朝、Yさんが教室にいくとクラスメイトたちが騒いでいた。

ある男子生徒をみんなで囲んで興奮している。なにがあったのかとYさんが尋ねた。

「Cくんが変な人に逢ったんだって！　絶対に口裂け女だよ！」

前日の夕方、塾を終えたCくんは家路についた。

とぼとぼと歩いていると大きなマスクをした女性が近づいてくる。そして「わたし、キレイ？」と声をかけられたらしい。

「それ本当なの？　それで？」

「なにも言わずに走って逃げたんだって！」

「答えていたらマスクとって『これでも？』って言うんだよ！」

Yさんが「危なかったね！」と言うと、Cくんは嬉しそうに笑った。

さらに生徒たちが登校してきた後、チャイムが鳴ると担任がやってきた。

みんなは急いで席につき、日直が号令をかけて挨拶をする。

そして、担任は赤い目で、

「皆さんに残念なお知らせがあります。昨日、Cくんが交通事故で亡くなりました」

全員「え？」とCくんの席に目をむけた。

そこは誰も座っておらず、彼のランドセルもなかった。

するとクラスメイトたちは口々に言いだした。

「さっきまでいたよ！　みんなでしゃべってた！」

「ウソ！　いなかったよ。今日、一度も見てないもん！」

「ホントです！　みんなで話してたよ、ねえ、みんな！」

「違うよ、話の途中で気がついたらいなくなってたよ」

「わたし見てません。最初から。最初からきてなかったよ！」

「いたよ！　でもニコニコ笑っているだけで、声とかだしていなかった」

みんな口々にしゃべりだし、教室は混乱状態になったそうだ。

担任が「静かにしなさい！　静かに……」と泣き崩れて、やっとみんな黙ったという。

「いつも大人しいやつだったから、最後に嘘を吐いてでも、話題の中心になりたかった」

そう思うんです……哀しいですよね、とYさんは涙ぐんでいた。

老婆の鳴き声

Gさんの家の近くにその老婆は住んでいた。

すっかり曲がりきった背中で、地面をむいてゆっくり歩いているだけの老婆。まったく無害なのだが彼女はときおり、誰かとすれ違いざまに猫のような声をだす。それは日本語発音の英語のように、モノマネにしては下手すぎる鳴き声だった。

近所の子どもたちから「ネコババア」と呼ばれていたそうだ。


Gさんが高校生になったころのことだ。

教室で新しい友人のUさんに、老婆のことを知っているか尋ねられた。

「ああ、知ってるよ。ネコババアだろ。なんで知ってるんだ?」

「むかしオレ、あの近くに住んでいたことがあるんだよ。そんときに」

老婆の部屋にいったことがあるとUさんは言いだした。


小学生だったUさんが道を歩いているとき、老婆と逢うことがあった。

やはりすれ違いざまに、彼女が猫の声をだすのをUさんは耳にした。

大抵の人たちは気にしない。老婆に奇異の視線を送るだけだ。だがUさんは他の人と違って好奇心が強かったのか、こっそり彼女の後ろをつけていったというのだ。

ゆっくりゆっくりと歩いていく老婆の姿は、ノロマな亀を連想させる。

(地面に顔をむけたまま、よく帰れるなあ)とUさんは感心していた。

老婆は道路の端を歩き続けて商店街をすぎ、住宅街の古いマンションに入っていった。彼女に気づかれないように入口から覗くと、階段をのぼっていく足音が響いてくる。どうやらエレベーターは設置されていないようだ。

静かにUさんが階段をあがっていくと老婆の足音は三階で消えた。

抜足で二階の踊り場まで移動すると、そこから先の階段には、水の入ったペットボトルが左右に隙間なく並べられている。

ペットボトルの水に濁りはないので、まめに換えられているようだった。

(いったい、いくつあるんだろう?)

老婆は三階への階段をのぼり切り、足を止めて立っていた。

尻をUさんにむけ背中は相変わらず曲がっているが、逆さになった顔がUさんのほうをむいていた。

Uさんは悲鳴をあげて階段を駆けおり、マンションから逃げだした。

Gさんは Uさんの話を聞いて、一度も老婆の顔を見たことがないことに気がついた。考えてみれば、いつも下をむき歩いているので当たり前である。

「それでネコババア、どんな顔だったの？　まさかネコみたいな顔じゃないよね？」

Uさんは首を振った。

「顔に目も鼻も口もなかった……ただ、大きな穴が開いていたんだ。あのババア」

絶対に人間じゃねえよ、とUさんは真っ青な顔で語っていたそうだ。

菓子パン

ある老人から聞いた話だが、取材者の意向もあって少し変えて記す。

菓子パンが子どものおやつとして人気があった時代の話だ。

数十年前、K市でその殺人事件はおこった。

殺されたのは犯人から借金をしていた亭主とその家族だった。犯行の動機は「取り立ての際に口喧嘩になった」という陳腐なものだったが一家惨殺の割には、ほとんど報道はされなかった。ウワサでは、加害者の親せきが公務関係者だったために規制されたのではないか、ということだった。

それでも、人の口には戸は立てられない。

誰が犯人で、住所はどこなのかといった情報は、あっという間に広がったそうだ。

取材をさせてもらった老人は、そのK市で個人商店を営んでいた。

有名な製パン業者の看板をかかげてはいたが、商品の半分は日用品だった。むかしからある雑貨屋のような店だったので、肉や野菜なら大きなスーパーに、それ以外の物が欲しいならデパートにいったほうが種類も豊富で安くつく。あまり遠出できないお年寄りや、近所の住人が至急に必要な物があるときだけ利用するような店だったという。

ある日、老人が店のシャッターを開けると、外で少女が開店を待っていた。

あまり見覚えのない子どもだ、と老人は思ったそうだ。

歳は十歳くらいで、大きめの暖かそうなジャンバーを羽織っていた。

彼女はなぜか、入店していいのかと老人の顔をうかがっているようだった。不思議に思いながらも老人は「どうぞ」とうながした。すると少女は店に入り、ベーカリーコーナーまで移動してパンを見ている。

いまのコンビニほどパンの種類は多くなかったが、じっくり選んでいる様子だった。

そして、棒状の菓子パンが幾つか入っている商品をひとつ持ってきた。老人が「百九十円です」と値段を告げると、握っていた小銭を並べた。袋に入れて渡すと「ありがとうございます」と礼を言って、少女は店の外に走り去っていった。

それから数日おきの朝に少女は現れるようになった。

いつもあの菓子パンを選んでレジに持ってきて、そのたびに小銭で支払い、走って帰っていく。

(近くに朝から開いている人気のパン屋があるし、昼前には近くのスーパーも開く。そっちのほうが安いし、いろいろ選べるのに)

老人は不思議に思っていた。

この少し変わった少女には特徴があった。

まず彼女は他のお客がいるときには店に入ってこない。少女よりも早く開店を待って入ってくる人もいたが、そのときは何度も前を通って店を覗き、先客が買い物を終えてでていってから入店してくる。小銭で払っているので、もしや貧乏な家庭の子どもかと思いきや服は高そうなものを着ているからわからない。なんとなくだが、自分の朝食というより、おやつの菓子パンを買いにきているように思える。

老人はその不思議な少女のことが気になりはじめていた。

ある朝、シャッターを開けると彼女が立っていた。

すぐに老人は「おはよう」と挨拶をして少女を店のなかに入れる。

いつものパンを選んでレジに持ってきたので、

「このパン、美味しいよね。たくさん入ってるし。好きなのかい?」

老人は彼女に話しかけてみると、少女は「うん！」とうなずいた。

「弟もこれが好きで一緒に食べてるの！」

そういって少女が小銭を並べていたとき、近所に住む主婦が店に入ってきた。

「おはようございます。おや、珍しい。今日は早いんですね」

「なんかウチの旦那がトースト食べたいとか言って。もう、贅沢なんだから……あら」

主婦はレジにいる彼女の顔を見て目を丸くした。

少女は顔を下にむけて袋を受けとり、外へ走っていく。ふたりにいつもと違うものを老人が感じていると、主婦が食パンを持ってきて、

「あの子、こんなところまで買いにきているのね。まあ、仕方ないか」

「知っているんですか？」

老人が尋ねると、主婦は声を小さくして続けた。

「ええ。このあいだの、ほら……金貸しの人が殺人事件おこしたでしょ……」

主婦の話によると少女は、犯人の娘だという。

父親が逮捕されてから、残された家族たちは、まわりから冷たい目で見られ酷い扱いを受けているようだった。

家の壁は「人殺し！」と書かれた落書きだらけらしい。

外にでると近所の者から唾を吐きかけられたり、石をぶつけられたりする。

あげくの果てには周囲のスーパーや店から出入り禁止を言い渡されてしまい、買物ができる店はほとんどなくなってしまったようだ。

「だから、ここまできているのよ。だって人殺しの家族なんですもの。当然よね」

今度みつけたら私も、唾かけてやらなきゃ――。

そう言って主婦は笑って帰っていったという。

老人は少女が気の毒になった。罪を犯したのは親であって子どもには関係ない。にもかかわらず、残った家族を咎《とが》めるのは理不尽だと思ったのだ。

店にきていることが主婦にバレたせいか、少女はそれから顔を見せなくなった。

老人は心配だったが、家を探して訪ねるわけにもいかないので彼女がくるのを待った。


ある夜、老人は店じまいの準備をしていた。

すると見知らぬ中年の女性が入ってきて「まだいけますか?」と聞いてきた。

レジを閉めようとしていたが「どうぞ」と老人は女性を入れる。

女性は会釈をして店の商品を見てまわっていた。

しばらくすると、ひと袋のパンを選んでレジに持ってきた。

「すみません、ここで朝……このパンを必ず買っていく子どもはいませんでしたか」

それは少女がいつも買っていたものだった。

なぜか老人はすぐに、その女性が彼女の母親だとわかった。

「はい。ときどき、ここに買い物にきますが……あの、お母さんですか？」

女性は「あの子に売ってくれてありがとうございます」と頭をさげて泣きだした。

つい先日、少女が交通事故で亡くなったことを聞かされた。

「主人が事件をおこして捕まってしまい、生活が一変したんです」

母親は家からでることができず、少女も学校にいかなくなってしまった。外にでると他人から酷い仕打ちを受けてしまう。食料は母親がこそこそと電車に乗って、遠くまで買いにいかなければならなかった。そんなとき少女が、

「売ってくれる店をみつけた！　弟と一緒に食べるから！」

自分の貯金箱から小銭を抜きだし、よく外に走っていったということだった。

「もうこの街を引っ越すことにしたので、ひと言だけお礼が言いたくて」

母親はハンカチで目元を押さえて、パンの代金を払い、店をでようとした。

「あの……弟さんも一緒にいくんですよね？」

そう尋ねると母親は動きを止めた。そして静かに振りかえり、老人の目を見て、

「ウチは娘ひとりだけです。あの子も詳しく知らないはずなのに、そんなことをよく言っていました。『弟と一緒に食べるから』って。多分、あの子といたのは——殺された家族の幼い子どもだと思います。」

そう言い残して母親は店をでていった、という話だ。

趣味

ある女性が何度目かのお見合いパーティーに参加していた。

「私の趣味は読書と映画鑑賞、あと格闘技の試合を観にいくのが好きですね」

「趣味ですか？　むかしから、ぼくは山に登るのが趣味なんですよ」

「ひとりでカラオケにいくのが唯一の趣味で……一緒にいく相手がいつもいなくて」

「趣味ってほどのものはないのですが、フィギュアを集めたり作ったりしていますね」

「私は観光が好きなので巨大な大仏を目当てに、よく遠出したりするんです」

彼女はまず自分に興味を持ってくれる男性たちに、趣味はなにかと聞くようにしている。

その日のパーティーは年齢層が高かったせいか、よくある趣味や老けた趣味が多いな、と思っていたそうだ。

「私の趣味はボーリングです。大会で優勝したこともあるんですよ。最高スコアは……」

「読書です。純文学が好きで、若いころから著名な作家の本を読みあさっています」

「いまどき切手を集めています。でも仲間がいなくて。切手はお好きですか？」

共感できる趣味の持ち主がなかなか見つからない。

別に趣味など合わなくても問題はない。だが、返答する内容が面白くないと気が合うと思えない。女性は笑顔のむこうで（今日はハズレかな）とがっかりしていた。

「ご趣味はなんですか？」

念のため全員に聞いてみようと、彼女は同じ質問を続けた。

「珍しいといわれるのですが、私の趣味は霊を集めることですね」

一瞬、女性の頭が真っ白になった。

「レイ？　レイってなんですか？」

「霊ですよ、霊。ゆうれい。ほら、死んだら化けてでる『ゆうれい』ですよ」

「はあ……オカルト的なことが好きということでしょうか？」

「いいえ、霊だけですのでオカルトとはちょっと違うんですけど、霊が大好きなんです」

どう違うのかわからず、その男性がふざけているようにも思えた。

「つまり、ゆうれいが視えるのでしょうか？」

「はい、視えます。ゆうれいはいいですよ。色々なことを教えてくれるので」

「色々なこと……例えばどんなことですか？」

「例えばですか。そうですね、うーん」

その男性は「寿命とか」とつぶやいた。

女性は（この人、完全にふざけているわ）と腹が立ってきた。

「それじゃあ聞きますけど、あなたの寿命はあとどれくらいなんですか？」

男性は唇の端を歪めて「私はまだまだですけど、あそこにいる男性はもう間もなくで寿命が尽きますよ」と笑った。

（今日もいい人いなかったな。また次に期待しよう）

女性は会場をあとにすると、横にあるカフェで文庫本を読みながらお茶をしていた。しばらくすると救急車のサイレンが聞こえてきた。

救急車はカフェの前に停まる。何事かと思って女性が見ていると、救急隊員が慌ただしく担架と共に、先ほどまで彼女がいた会場に入っていく。再びでてきた救急隊員が搬送していたのは、お見合いパーティーで話した男性のひとりであった。

（あれ……あの人って……）

「だから言ったでしょ」

ふいに後ろから声をかけてきたのは、あの「霊を集める」という男性だ。

「あの人、もう寿命だったんですよ」

「え……本当だったんですか、さっきの話は」

男性はさっきと同じ歪んだ笑みを浮かべながら続けた。

「あなたも長くありませんから、こんなところで本を読んでいる場合じゃないですよ」

さくら記念

珍しく昼間、怪談社の事務所で原稿を書いていると荷物が届いた。

差出人は郷内心瞳さんからである。彼は東北で拝み屋という特殊な仕事をしている人間で、ぼくと同じように怪談の蒐集をしながら本も書いている。

なにかが届くのは別におかしくはないが、品名のところに「人形」とあった。すぐに実話怪談師たちと郷内氏とのやりとりが浮かんだ。あとで聞くと案の定、怪談社のSが酔った勢いで「いわくつきの人形」をねだって、送ってもらったのだそうだ。

人形は「さくら」と名付けられ、現在は事務所の客間に飾られている。

客間には他にも「香代子」と「舞」という名の日本人形がいる。奇天烈なアイテムが事務所には多いが、怪異があったことは、ぼくが知っている限り一度もない。

ただ、さすが「怪談社」と言えることもある。それは心霊写真がくれば心霊写真の、怪しい壺がくれば怪しい壺の、人形がくれば人形の話が、なぜか一気に流れこんでくる。

もちろんそれは、ぼくや実話怪談師が「最近、新しい人形が事務所にきた」と話題にだすのも原因のひとつだろう。それでもやはり短い期間で人形の話ばかり、これほど集まるものだろうかと不思議には思う。拝み屋のお墨付き人形がきてくれた記念と今後の怪異に期待し、さくらが事務所にきてから集まった怪談を最後に並べていく。

Eさんが仕事から家に帰った途端、妻が話をはじめた。

「ちょっと聞いてよ。ゴミ捨て場からRちゃんがダンボールを拾ってきたの」

Rちゃんとは Eさんたちの息子のことである。

「小さめのダンボールなんだけど。それをRちゃん『ママひろったよー』って。嬉しそうに。なにそれ、なにが入っているの？　って聞いたら『これー』ってダンボールを開けるの。絵の具で真っ赤な顔になった無表情の人形。私ひと目みて、ひええッて言っちゃった。怖いでしょ？　そんなの捨ててきなさい！　って言ったら『ぜんぜんこわくないよ、おもしろいよ』だって。なにが面白いのよ！　って聞いたら『さっき、おもしろがってたよ』って。どういう意味か聞いたら、ゴミ捨て場でダンボールを開けたとき、人形が笑ったって言うの。そこで私、もう気絶しそうになったわ。これは面白いじゃなくて怖いっていうの。もういい私が捨ててくるからって。すぐにゴミ捨て場の奥の奥に詰めて、他のゴミ袋をのせて捨ててきたって話。あなたからも言ってあげてよ、もう」

「そのダンボール、赤い字で『おもちゃ』って書いてなかったか」

Eさんは青ざめて「いま玄関の外にあったぞ」と妻にいうと、彼女も顔色を変えた。

おそるおそるふたりで玄関にむかい、ドアを開けて確認する。

やはり、Eさんの見たダンボールはそこにあった。

「そうよ、このダンボールよ……でもどうして？」

しかし先ほどまでとは違って、フタが開いている。

なにも入っておらず、絵の具の塗料がべったりと内側についているだけだった。


Tさんという女性が体験した話だ。

あるとき、彼女はW県にある人形供養で有名な神社に立ち寄ることがあった。ずらりと並んでいる人形を見て、同行していた友人が「うわあ、気持ち悪っ！」と漏らす。

「ころすで」と後ろから子どもの声。

ふたり同時に振りかえったが、だれもいなかった。

Ｒ子さんという看護師が認知症の老女の担当になった。

老女は常に人形を抱いており、まるで彼女と人形は一心同体のようだった。

「おはようございます」と挨拶をすると、老女は人形の頭をさげ「おはようございます」。

「ご飯ですよ」と声をかけると、老女は人形の両手をあげて「やったー、ご飯だ！」。

「おやすみなさい」と言うと、老女は胸の上に人形を置き布団をかぶせて「おやすみ」。

手術室に運ばれる寸前、人形を持っていこうとしたので「大丈夫よ、お人形さんはここで待っていてくれますから」とＲ子さんはベッドに人形を寝かせ、布団をかぶせた。

老女は人形に「ばいばい」と手を振って手術室にむかった。

しかし、時間のかかる手術に老女の体力が持たず、彼女は亡くなってしまった。

家族が遺体を迎えに来る前、Ｒ子さんは涙ぐみながら彼女の荷物を片づけていた。ベッドの人形と目があって（この子もカバンに入れておこう）と布団をめくると、人形の胸が破れて、綿がぼろぼろと散らばっていたという。


高層ビルにあるショットバーでＮ男さんが呑んでいた。

ボトルのあいだからガラスむこうの外の景色がみえており、それを眺めているとグラスが空になった。飲み物を注文するためバーテンに視線を送ると、ガラスむこうの外でなにかが通りすぎるのが目の端に映った。

鳥かと思ったが、横にいる男性が「いまの、みました？」と話しかけてくる。

人形が二体、空中を並んで走っていた、と言う。

そんな馬鹿な、とN男さんが言うと男性は引きつった顔で「腕です！　こうやって腕を振って走っていきました！」と自分の腕をまっすぐ伸ばし、ぱたぱたと振っていた。

その怯えた表情で（あ、この人、本当に見たな）とN男さんは思ったそうだ。


動物園で勤務していたEさんが、ずいぶん前に体験した話だ。

この日は休園日だったが、動物の管理は当然ながら休むことができない。いつものように担当の動物の檻を掃除したり餌をあげたりして、動物たちの生活のペースを守らなければいけないのだ。

Eさんが園内のベンチに座り、休憩していると同僚が出勤してきた。

「おはよう……ん、お前、なにくっつけているんだ？」

同僚が背負っているリュックサックの横に、小さな人形がしがみついていた。

「え？　あれ？　なんだろ、電車でついたのかな？」

それは当時流行《はや》っていたもので、両手がクリップのようになっており、しがみつくことができる黒い人形だった。同僚は躰が固くて手が届かないようだったので、Eさんは立ちあがり「オレがとってやるよ」と面白半分にそばにあったホウキで人形を叩いた。

だが人形は思ったよりも軽く、そのままポーンと空中に飛んでしまう。「あ！」と声をだしたときにはすでに遅く、人形は猿の檻に入ってしまった。

すぐに一匹の猿が駆け寄り、落ちた人形を握りしめて群れに戻っていった。

「あーあ……かえしてくれるかな」

猿は自分たちと同じ「人型」の形をした人形を手放さないことがある。その人形は五体がハッキリとわかれているワケではないので、おそらく捨てられるだろうと予測したが、とりかえそうと思っても、とりにいくこともできない。

捨てられるのを待つしかないとEさんは判断した。

翌日になって一匹の猿が死んだ。それはあの人形を握っていた猿だった。

その猿は座った体勢のまま、置かれていたタイヤを両手ではさんで、横をむいて死んでいた。昨日、自身が持っていた人形とまるで同じ体勢だった。

さらに翌日、あのリュックサックを背負っていた同僚が自殺した。

彼は自宅の寝室のドアノブに首をくって、座ったまま亡くなっていたそうだ。

Eさんは「人形は関係ないと思うんだけど、なんとなくなにかの予兆やサインだったみたいで、気持ちが悪いんですよ」と話していた。

ちなみに、人形自体は猿の檻のどこを探しても、見つからなかったらしい。


Nさんのスマホに D樹さんが連絡をしてきた。

D樹さんは大学時代から仲の良い友人だ。何人かで呑みにいくつきあいが続いていた。

「実はさ……オレ、結婚することになったんだ」

D樹さんに彼女がいることは知っていた。その時期、彼女とケンカをした話を頻繁に聞いて心配していたNさんは、彼の結婚の報せを自分のことのように喜んだ。

「今度の休みの日に彼女と逢って欲しいんだけど、ウチで鍋しない？　みんなでさ」

Nさんは快く承諾した。すぐに他の友人たちに予定を空けるよう連絡をまわした。

当日、Nさんと友人たちは自分たちの彼女も連れて、待ちあわせ場所で待っていた。

「部屋にこんな人数、入れるのかな。八人よ」「あいつと、あいつの彼女いれたら十人だな。ちょっと多すぎかもな」「大丈夫だ。確か一軒家に住んでるって聞いたことある」

時間になるとD樹さんが現れた。

「お疲れ。たくさんきてくれたな！　ありがと、ありがと！　ありがとね！」

友人の彼女のなかには初対面の者もいたので、握手をしてD樹さんが挨拶をする。

彼の住んでいる一軒家は、待ちあわせ場所から十分ほどで到着した。

Nさんたちは「広いな！」とうらやましがり、家に入っていく。

「みんなきてくれて嬉しいよ！　酒もあるし、今日は呑もうぜ！」

もう鍋の準備は整っているようで、リビングには鶏ガラの良いにおいが漂っていた。

テーブルに大きな土鍋がふたつ、ＩＨコンロの上にのっている。

「すぐにできるから、ちょっと待って！　その前にビール！　ビールね！」

Nさんは「手伝うよ」とついていき、冷蔵庫から何本ものビールを運んできた。あとを追いかけるようにD樹さんもコップを持ってきて、皆に配っていく。

D樹さんは全員に割り箸や取鉢を配り終わると「ビール注いだ？　じゃ、むこうの部屋にいる彼女を連れてくるからね、乾杯の用意をして、ちょっと待って！」とリビングからでていき、しばらくして特大の人形を片手で軽々と持ちあげて戻ってきた。

「じゃーん！　はじめまして！　これがオレの彼女のアイちゃんでーす！　アイちゃんのアイは愛情のアイ！　アイアイって呼んであげて！　うひょ！　はじめまして！」

その場にいた全員の息が止まった。

「アイアイはお誕生日席に座ろうね！　はい、ごめんよ！　後ろ通りまっす！」

Nさんも他の友人たちも、なにかの冗談かと思った。

「じゃあアイアイ！　みんなにちゃあんと挨拶して！　それから乾杯の音頭！　ね！」

D樹さんは人形の横に正座して、目をつぶり人形が話すのを待っているようだった。

アイと呼ばれる人形は精巧な造りだった。一見だけなら本物の人間にも見えただろう。

Nさんは（これは確か――）と、それが最新のダッチワイフであることがわかった。

当然だが人形は話さない。瞬きもせず一点を見据えて微動だにしない。

人形が話すのを待っているD樹さんは動かない。

Nさんたちも同じようにじっとしていたが、それは言い知れない恐怖のせいだった。

友人の彼女の何人かは停止したまま涙を流していた。

皆、人形と同じようにまったく動くことができずにいた。

「あいつ……オレたちが気づかないうちに、おかしくなっていたんです。以前からずっと聞かされていた彼女の話は……全部、あの人形のことだったんでしょうね」

結局、人形の隣に座っていたNさんの彼女が、耐え切れなくなって悲鳴をあげた。

「いやあッ！」

悲鳴を皮切りに、全員が立ちあがってリビングから飛びだし、外へ逃げていった。Nさんはリビングをでる寸前に振りかえってD樹さんを見た。

相変わらず目をつぶったまま、じっとしていたという。

「それからD樹には逢っていません。いまもあそこに住んでいるのかどうかも……」


あとになって、妙な証言をする者が三名いた。

ひとり目はあの人形とD樹さんが歩いているのを目撃したという友人だ。

夜の路地でほんの一瞬だったが、あの人形と同じ顔だったと彼は言い張っている。

二人目は以前、D樹さんとふたりで呑んだという友人だった。

「もしもし、アイ？」と話している横にいたそうだ。

そのときにスマホから微かにおんなの嗤《わら》い声が聞こえたらしい。

三人目の証言は、人形の横に座っていたNさんの彼女である。

その証言があのとき、悲鳴をあげて逃げだした理由だった。

「あの人形……呼吸をしていたよ」

巻末付録トーク

福澤徹三RECORD

上間月貴
糸柳寿昭
福澤徹三

●怪談を書く男×怪談を語る男×相づちだけの男

上間　――福澤※さんは、怪談実話を何冊も上梓されていますが、最近はどうですか？

福澤　最近は違うジャンルのものばかり書いてるので、怪談を書く機会は減りましたね。

上間　それでもふだんから取材はされてるんでしょう？

福澤　いや、あまり集めてないですよ。取材にいくのは締切があるときくらいです。もう長年やってると、自分の周囲で

※ 福澤徹三（ふくざわ・てつぞう）1962年、福岡県生まれ。作家。『黒い百物語』『忌談』『怖の日常』など怪談実話からアウトロー小説、警察小説まで幅広く執筆。08年『すじぼり』で第10回大藪春彦賞を受賞。近著にドラマ化された『侠飯』シリーズがある。

は鉱脈が尽きてね。怪談社みたいに遠くまで取材にいけばいいけど、そこまでの気力と体力がない。自分が聞いた話をメールで送ってくれる人もいるけど、そういう人はまれだし、使えない話のほうが多い。

上間　怪談社のメールにも投稿で体験がきていますけど、ディティールが伝わらなかったりだとか、気持ちが前のめり過ぎて、なにが起きているか分からなかったりだとか。そういうときって内容を確認するやりとりはされるんですか？

福澤　再取材しようにも、できないことが多いですよ。伝聞も多いから体験者までたどれない。誰それさんの友だちの友だちっていう典型的な流れで、体験者が特定できないこともある。

上間　そうですよね（笑）。どんなに探しても体験者に逢えないこともあります。

福澤　ただ怪談実話は凡庸な話であっても、切り口しだい見せかたしだいで、なんとかなります。ＣＳエンタメ～テレの番組『怪談のシーハナ聞かせてよ。』[※]なんか観てると、怪談社は話を「盛らない」ことに気をつけているけど（笑）。誰かの語りを聞いて、どこまでがガチでどこまでが「盛った」かという線引きはむずかしい。書いていくうちに推測で補わざるをえない部分もでてくるし。

上間　どんな話においても推測する箇所が必ず存在しますものね。

福澤　体験者本人でさえ、記憶というバイアスがかかってる。それが伝聞になればなおさらで、事実だけを書くのは困難です。そもそも役所の書類じゃないんだから、事実だけ書き連ねたって怖くならない。描写や切り口でいかに怖くするかが腕の見せどころでしょう。ただ、まったくゼロから盛るのはさすがに後ろめたいので（笑）、なるべく素材を活かして書くようにしてます。

糸柳　そうそう。

上間　それが腕の見せ所というか、作家さんの個性がでると

※『怪談のシーハナ聞かせてよ。』
CSエンタメ〜テレで放送中の怪談番組。毎回、ゲストに語ってもらう形式の、怪談に特化した番組。MCに狩野英孝、アシスタントにせきぐちあいみと高田のぞみ、解説に怪談社のふたりが出演している。

ころなんですね。私たちの場合は語りです。「語り」と「文章」というものは、ちょっと違ってきますか？

福澤　文章は読みかえせばいいのにくらべて、語りは聞き逃されたら話が伝わらない。だから聞き手に伝わるように、おなじことを何回もいう必要がある。文章だとくどくなるけど、語りなら反復は苦にならない。何度も念を押すことで、むしろ怖さを生むこともあるんじゃないかな。

上間　語りの場合だと、お客の空気を読まないといけません。語っている人が「さっきコレいったよね」と安心しちゃうと、聞いているほうは分からなかったり。

福澤　聞く側の立場でいえば、流れるように喋る人はあまり怖くない。話芸としては完成度が高いけれども、実話のざらっとした感触がないんですね。そういう意味ではぎこちないほうが、リアリティがある。途中で今までのあらすじを整理したっていい（笑）。

上間　いまのはお客に伝わりづらかったな、とか。

福澤　語りは客の反応を見つつ、臨機応変にやるものでしょうね。その点、文章は読みかえせば伝わる。しかし読みかえしても伝わらないところ……情報の欠落に怖さがある。それが意図的なのか、結果としてそうなったのかはべつにして。

上間　むかしに比べればたくさんの書き手が増えていて、怪談本も増えているような気がしますが、その現状みたいなものに対してはなにか感じることはありますか？

福澤　怪談実話はいま、新耳※や超怖※がでてきたときのようなブームじゃないと思います。それでも怪談本が増えているのは、それだけ敷居が低くなったってことじゃないかな。以前にくらべてネットやスマホが普及したのも影響してるでしょう。またそれにともなって、怪異が起きるという場所に対する怖さは薄れてきたように感じます。航空写真やストリートビュー、あるいはグーグルアースで現地が見られる時代だから。

上間　確かに心霊スポットでも事故物件でも、すぐ調べられ

※ 超怖
タイトルは『「超」怖い話』。編著者・共著者を代替わりさせながら、1991年から現在まで続く実話怪談シリーズ。現在の編著者は、加藤一（四代目・冬班）・松村進吉（五代目・夏班）。竹書房ホラー文庫で刊行中。

※ 新耳
タイトルは『現代百物語　新耳袋』。木原浩勝と中山市朗による百物語形式の怪談蒐集録シリーズ。全十巻で完結。

ちゃいますよね。
糸柳　そうそう。
福澤　超自然的な現象を検証するのは怪談実話の領域ではないんだけど、そこに興味を抱く人もいる。そういう人たちはネットで情報交換したり、現地までいったりするけど、確実に怪異が起きる場所なんてほとんどないから「嘘っぱちか」で終わっちゃう。
上間　ネットがない時代なら「この話は本当かも」と思えたのが、いまは否定される。
福澤　怪談実話も特定の場所より、体験者の心理に重点を置いたものが増えている気がする。昔とちがって「この心霊スポットは100%でます！」なんて言えないから（笑）。
上間　言い切るのはすごく不味いです。「ここにいったら絶対死ぬ！」とか（笑）。

怪談社RECORD 黄之章

2018年3月7日　初版第1刷発行

著　者　伊計 翼
デザイン　橋元浩明(sowhat.Inc.)
編集　中西 如(Studio DARA)
発行人　後藤明信
発行所　株式会社 竹書房
〒102-0072 東京都千代田区飯田橋2-7-3
電話03(3264)1576(代表)
電話03(3234)6208(編集)
http://www.takeshobo.co.jp
印刷所　中央精版印刷株式会社

ISBN978-4-8019-1393-6 C0176